AF544120

Romy Donath

Theo Adam und Peter Schreier

Zwei Jahrhundertsänger aus Dresden

Begleitheft zur Ausstellung im Carl-Maria-von-Weber-Museum

DONATUS

Bibliografische Information der Deutschen Nationalbibliothek:
Die Deutsche Nationalbibliothek verzeichnet diese Publikation in der Deutschen Nationalbibliografie; detaillierte bibliografische Daten sind im Internet über www.dnb.de abrufbar.

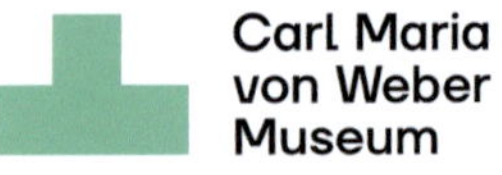

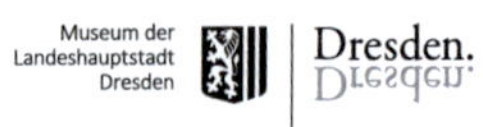

Impressum

Gestaltung: spitzenton.design
Verlag: Donatus-Verlag, Niederjahna
Herstellung: Books on Demand, BOD Norderstedt
ISBN: 978-3-946710-41-7

Inhaltsverzeichnis

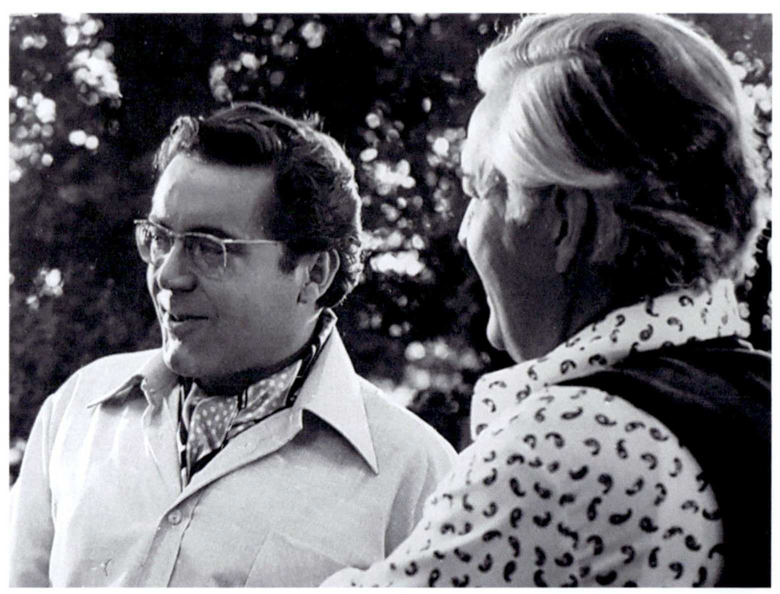

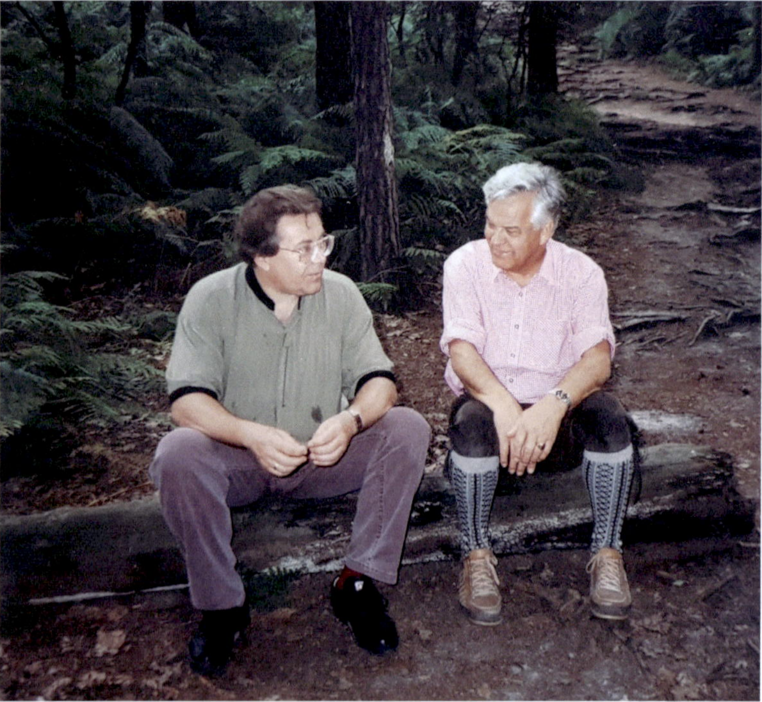

Peter Schreier und Theo Adam in den 1970er Jahren und beim Wandern in den 1990er Jahren.

Vorwort

Theo Adam und Peter Schreier gehören zu den bekanntesten Sängern des 20. Jahrhunderts. Ihre internationale Karriere führte sie über die Grenzen des Kalten Krieges hinweg aus Dresden und der DDR hinaus in zahlreiche Länder und brachte dem Staat Devisen ein. Ihre Schallplattenaufnahmen prägten eine ganze Generation, wobei die Platte „Peter Schreier singt Weihnachtslieder" einer der meistverkauften Tonträger der DDR überhaupt war.
Zu beiden Künstlern liegen einige Publikationen vor, und vor allem Theo Adam hat mehrere autobiografische Schriften hinterlassen. Dabei erlangt man Einblicke in den Werdegang und die Ansichten der Sänger, lernt durch ihre persönlichen Schilderungen die großen Musiker des 20. Jahrhunderts kennen und kann nachvollziehen, warum sie einen so prägenden Einfluss auf eine ganze Sängergeneration hatten.
Peter Schreier profitierte anfangs von dem neun Jahre älteren Theo Adam und verdankt vielleicht sogar zu großen Teilen den Anfang seiner Karriere der Fürsprache des Erfahreneren. Später gaben sie sich als Dirigent und Regisseur gegenseitig Impulse.
Aus der anfänglichen Kollegialität wuchs zunehmend eine Freundschaft, die über das Berufliche weit hinausging. Die Familien waren eng befreundet, unternahmen gemeinsame Ausflüge und man feierte zusammen Geburtstage.
2019 starben beide Sängerlegenden, was das Carl-Maria-von-Weber-Museum zum Anlass nahm, beiden gemeinsam eine Ausstellung zu widmen. Während der Vorbereitung der Ausstellung wurde deutlich, wie viel persönliches Material und Gegenstände in den Nachlässen vorhanden sind. Beiden Familien – Familie Schreier und Familie Hartfiel – sei hier gedankt, da sie die Ausstellung bereitwillig mit Objekten, Fotos, Dokumenten und Auskünften unterstützten. Vor allem Regine Hartfiel und Torsten Schreier sei ein großer persönlicher Dank ausgesprochen. Des Weiteren danke ich Prof. Dr. Matthias Herrmann, der zu vielen Themengebieten mit profunder Sachkenntnis das ganze Unternehmen unterstützt hat, Prof. Dr. Hans John, der bereitwillig Auskunft gab, sowie dem Historischen Archiv der Sächsischen Staatstheater Dresden, welches Bildmaterial zur Verfügung gestellt hat.

Romy Donath

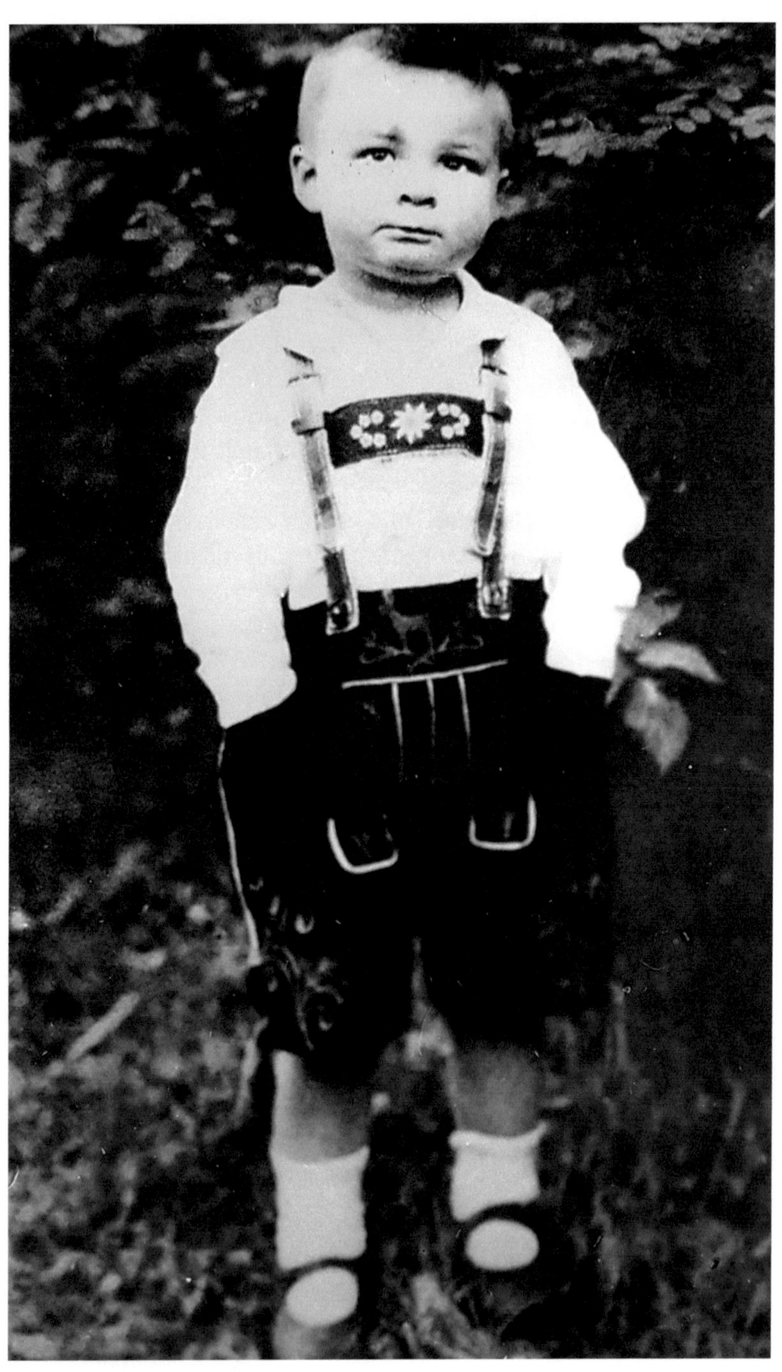

Theo Adam in Lederhosen, um 1930.

Theo Adam
Kindheit und Jugend

Theo Siegfried Adam wuchs in einfachen Verhältnissen auf. Er wurde am 1. August 1926 als Sohn des Dekorationsmalers Johannes Adam geboren, der musikbegeistert war. Sein Vater sang in einem Quartett, und die Eltern besuchten regelmäßig die Oper. Die Familie besaß außerdem ein Klavier und ein Grammophon – Musik spielte somit eine zentrale Rolle im Alltagsleben. Der Junge besuchte einen Kindergarten mit musikalischer Früherziehung, in dem viel getanzt und dadurch sein Rhytmusgefühl ausgeprägt wurde.[1]

Theo Adam bezeichnete selbst seine Kindheit als sehr glücklich.[2] Seine Begabung zeigte sich frühzeitig und so wurde er mit einem Stipendium (Schulfreistelle) 1937 in den Kreuzchor aufgenommen. Im Kreuzchor gehörte er zu den armeren Schülern – er fuhr bei-

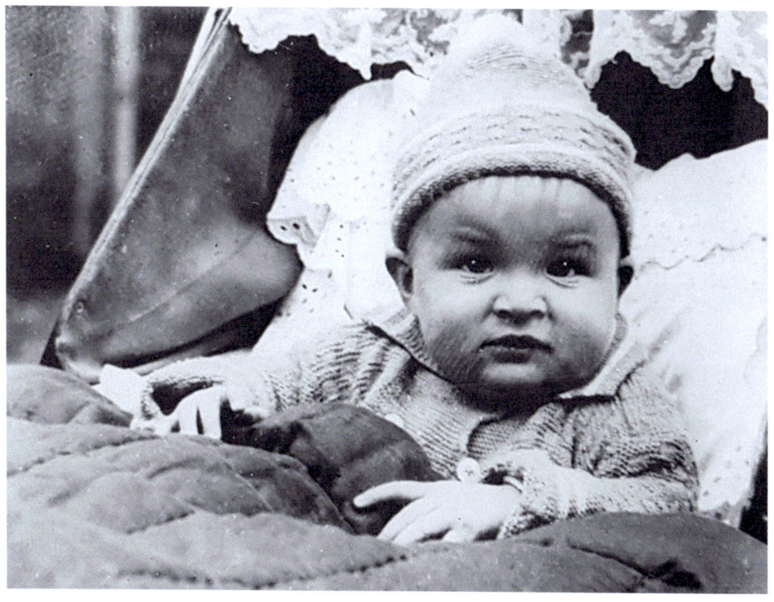

Theo Adam als Baby, 1927.

1 Adam, Theo: Seht, hier ist Tinte, Feder, Papier..., Berlin 1980, S. 9 ff.
2 Ebd., S. 9.

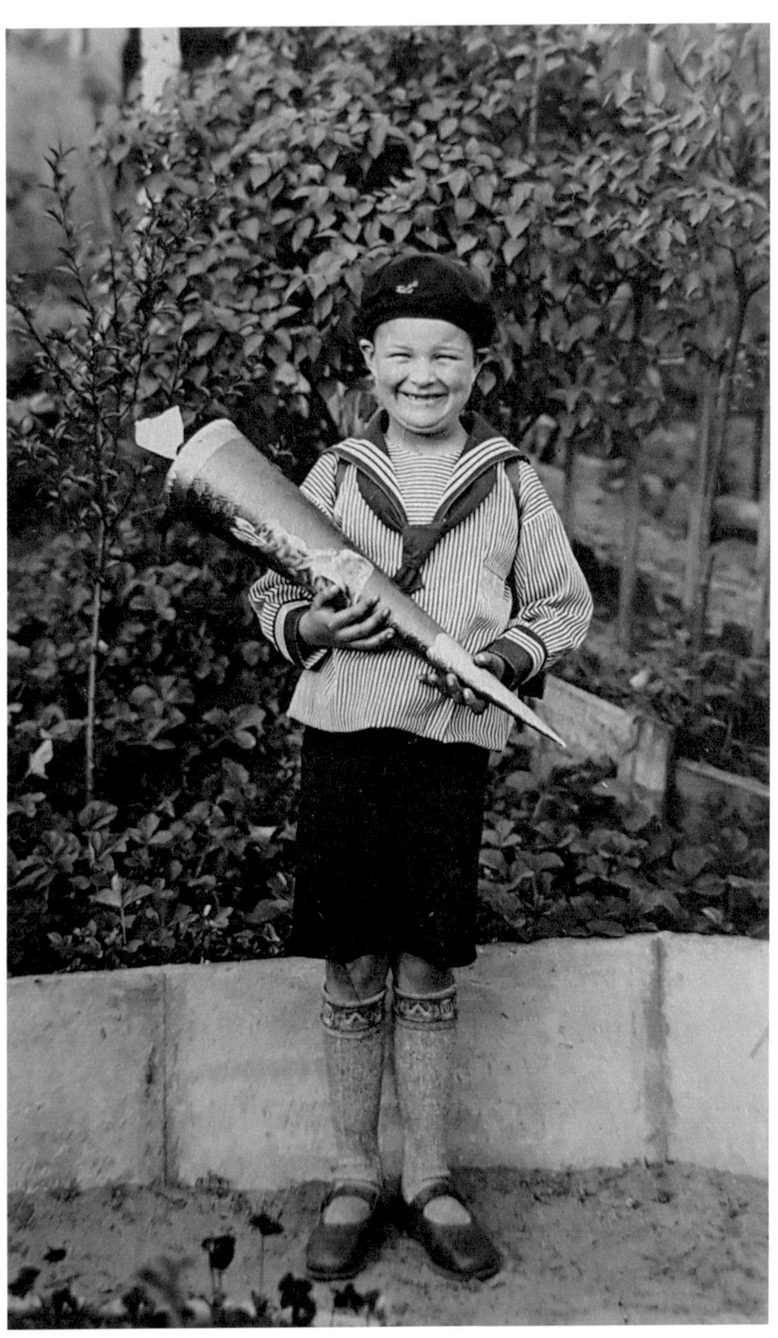

Theo Adam zum Schuleingang, 1933.

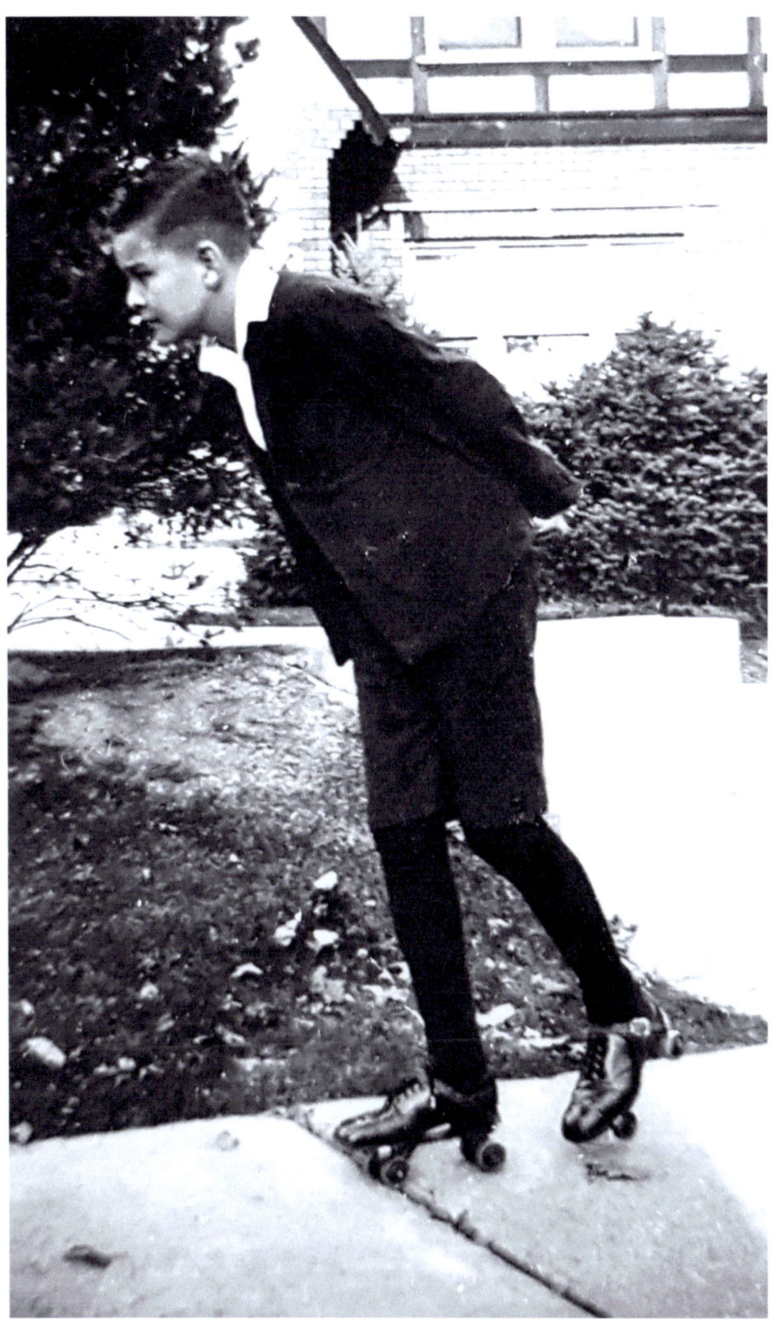

Theo Adam als Schüler mit Rollschuhen auf dem Weg zur Schule, um 1937.

spielsweise mit Rollschuhen zum Unterricht, um die Kosten für die Straßenbahn zu sparen.[3]

Als prägendes Erlebnis bezeichnete Adam die Nordamerika-Reise des Kreuzchores, die er 1938 in einem Reisetagebuch festhielt. Er schrieb z. B.: „*In Detroit habe ich bei dem Neffen des Generals Moltke gewohnt. Er hatte einen fünfjährigen Sohn, der fließend Englisch und Deutsch sprechen konnte. Man nannte uns dort einen der besten Chöre der Welt.*“[4]

Von dieser Reise ist ebenfalls eine Sammlung von Kritiken und Zeitungsartikeln, die Theo Adam gesammelt hat, erhalten.

Natürlich konnte sich der Kreuzchor dabei nicht komplett der politischen Situation im Deutschen Reich entziehen. Das Riesaer Tageblatt schrieb zur Abreise des Chores: „*Die Sängerknaben trafen Donnerstag vormittag unter Führung von Professor Mauersberger und Studienrath Arthur Gebauer in Bremerhaven ein und begaben sich sofort an Bord des Lloyd-Schnelldampfers ‚Bremen'. Im Ballsaal des Schnelldampfers hieß Kapitän Hagemann sie herzlich willkommen. Nach einem Vorspruch sang der Chor das Lied ‚Ausfahrt'. Der Empfang klang mit dem Gruß an den Führer und mit dem Singen der nationalen Lieder aus.*“[5]

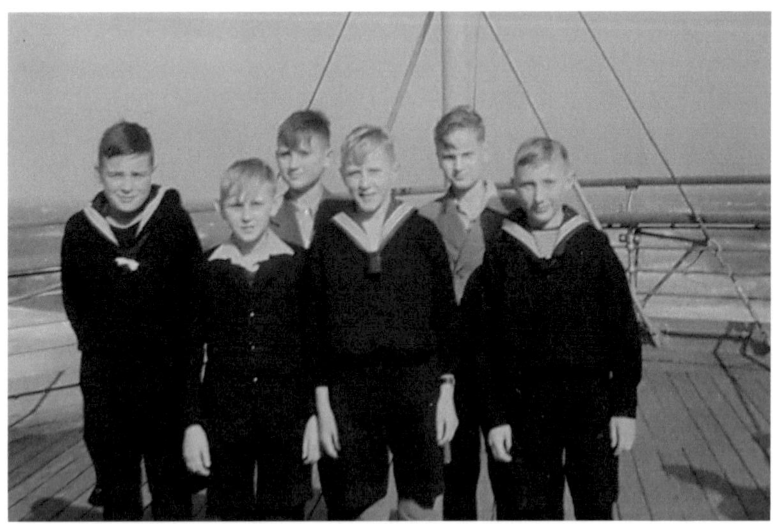

Theo Adam (links) als Kruzianer bei der Reise nach Nordamerika, 1938.

3 Gespräch mit Regine Hartfiel, November 2020.
4 Zitat aus dem Tagebuch des zwölfjährigen Theo Adam, Privatarchiv Familie Hartfiel.
5 Riesaer Tageblatt und Anzeiger, 7. Oktober 1938, S. 2.

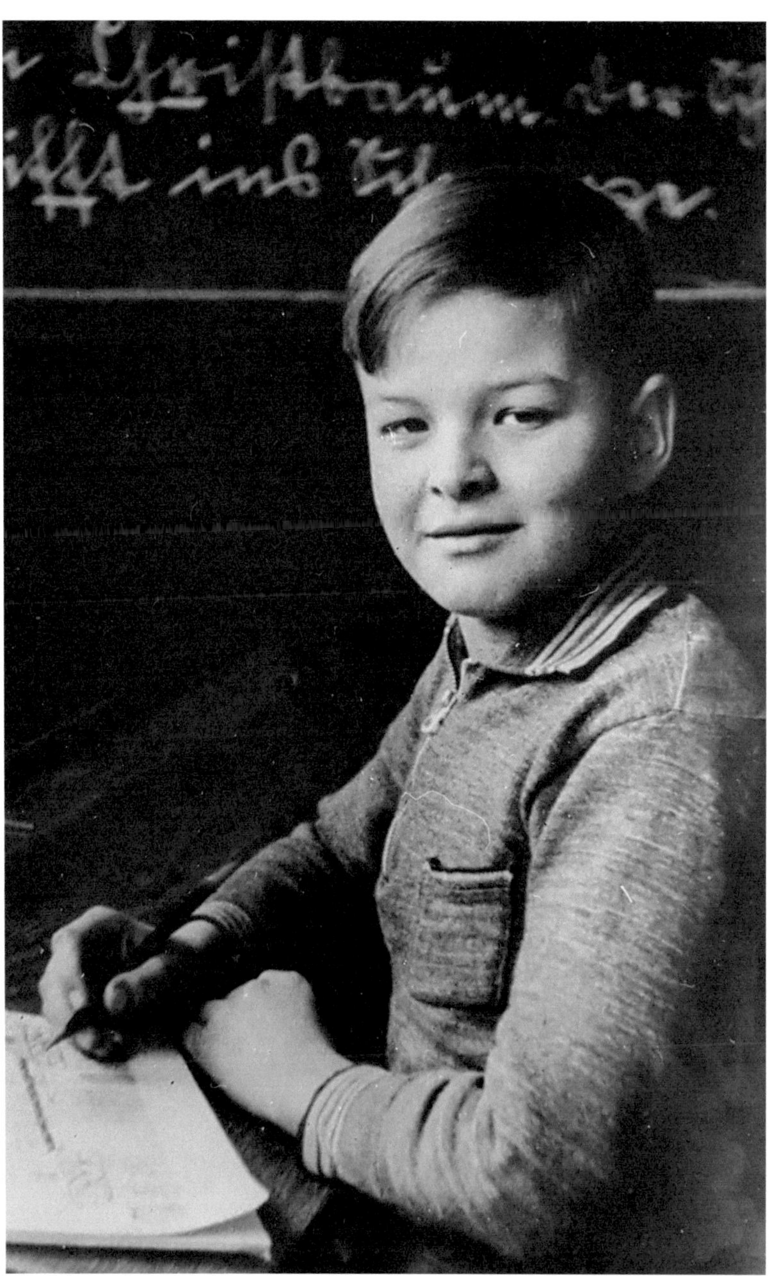

Theo Adam als Schüler im Alter von acht Jahren.

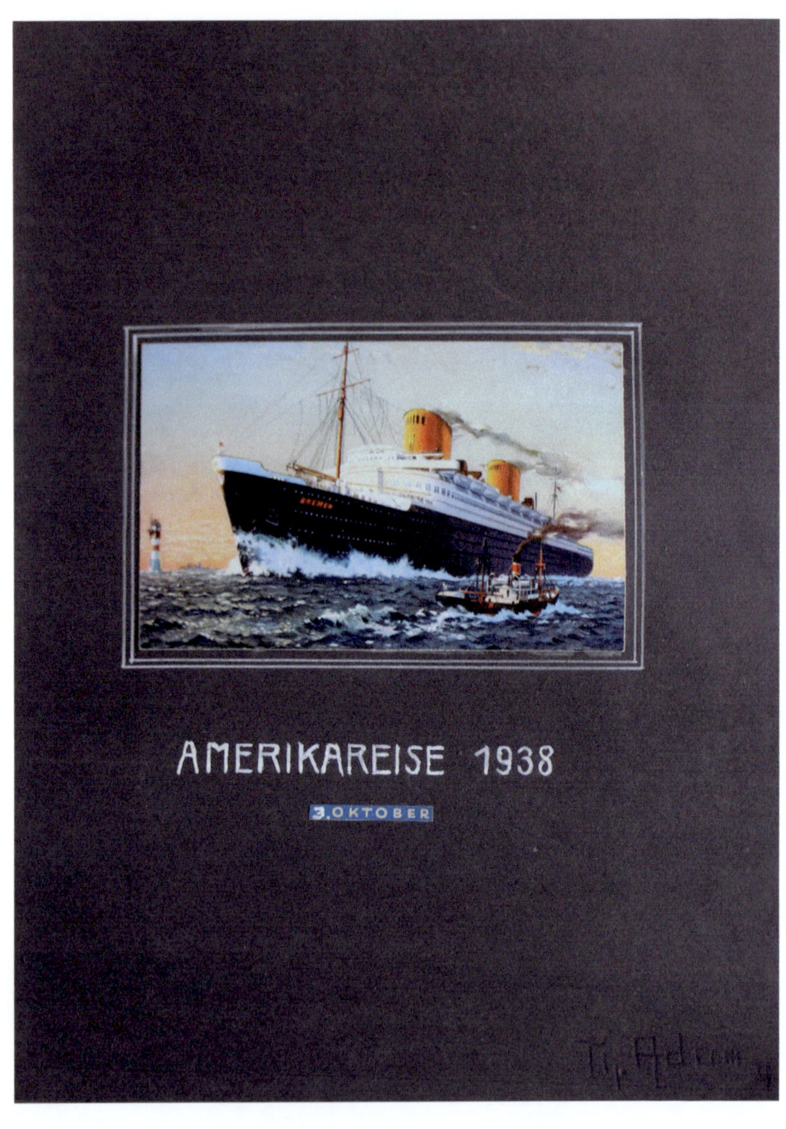

Titelblatt der Artikelsammlung über die Reise nach Nordamerika, zusammengestellt von Theo Adam, 1938.

Baltimore bildete, wie schon auf der ersten Amerikareise des Kreuzchores 1935, den Höhepunkt insofern, als wir dort mit der größten Gastfreundlichkeit aufgenommen wurden. Wir unternahmen sogar einen sehr interessanten Ausflug nach der Hauptstadt des Staates Maryland Annapolis und besuchten dort die berühmte Flottenakademie, wo unter anderem der General von Steuben erwähnt wurde. Dann waren wir auch an dem Fort Mc. Henry, am Hafen Baltimore und standen an der Stelle, wo das amerikanische Nationallied, dessen Dichter Francis Scott Key war entstand.

Eine gewaltige [illegible] von Amerika brachte uns die 6stündige Fahrt durch das Susquehannatal nach Buffalo, wo ich mit [illegible] Schönheit erfuhr. Hier überreichte uns der Stellvertreter des Oberbürgermeisters bei der Ankunft den goldenen Schlüssel der Stadt Buffalo, „den Schlüssel zu den Herzen der Bewohner dieser Stadt" [illegible]. Auch hier hatten wir ein ausverkauftes Konzert. In den Zeitungen wurde das meisterhafte Dirigieren Professor Mauersbergers und die Wiedergabe des „[illegible]" von Orlando di Lasso hervorgehoben. Von hier wurde uns ein sehr schöner Ausflug nach den berühmten Niagara-Fällen geboten. Sie bestehen aus einem 80 m hohen Haupt- oder Mittelfall und einem 60 m hohen Nebenfall. Früher war da eine Brücke, die nach dem Lande Kanada hinüberführte. Sie ist aber durch großen Eisgang eingestürzt. Wenn man unten an den Fällen steht, ist so ein mächtiges Rauschen, daß man kaum sein

Auszug aus dem Reisetagebuch Theo Adams zur Reise nach Nordamerika mit dem Kreuzchor, 1938.

Nach Ausbruch des Zweiten Weltkrieges wurden Tourneen abgesagt, und Gastspiele fanden hauptsächlich in der näheren Umgebung statt.

1941 kam Adam in den Stimmbruch und wurde zum Bassisten, weshalb er an einer Konzertreise auf den Balkan nicht teilnehmen konnte.[6] In den folgenden Jahren nahm er erste Soloaufgaben wahr, wobei der Chor unter den gegebenen Bedingungen während des Zweiten Weltkrieges litt. Zahlreiche junge Sänger wurden eingezogen, weswegen die Bassstimmen beispielsweise sehr dünn besetzt waren: „*Schwerer noch wog freilich die seelische Belastung, die es täglich neu zu bewältigen hieß. Daß wir durchstanden, daß der Chor blieb, was er war, ist das schon jetzt historisch zu nennende Verdienst Rudolf Mauersbergers.*“[7]

Adam sang im Kreuzchor bis er 1944 an die Front eingezogen wurde – er war gerade 18 Jahre alt. Sein Einsatzgebiet als Fahnenjunker lag in Norwegen, sodass er bei Kriegsende in amerikanische Gefangenschaft geriet und im Rheinland als Landarbeiter tätig sein musste.

1946 kehrte er nach Dresden zurück.

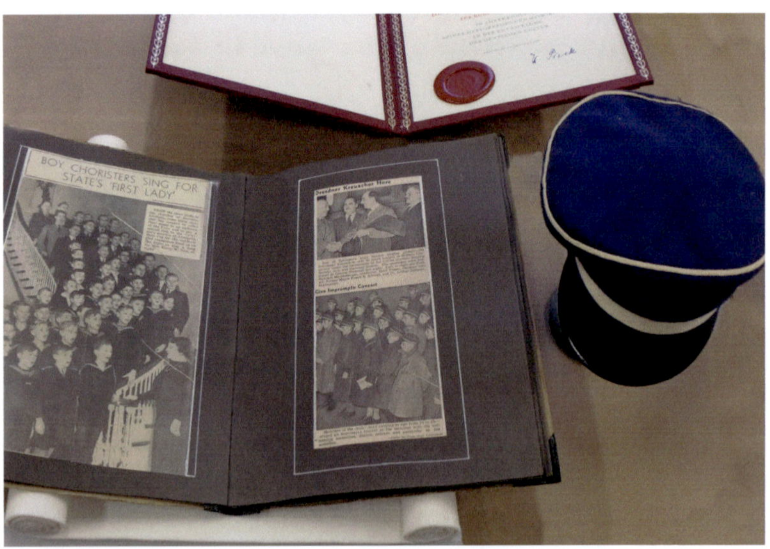

Exponate der Ausstellung: Erinnerungsbuch mit Zeitungsartikeln zur Amerikareise 1938, Kruzianermütze Theo Adams und Urkunde zur Verleihung des Nationalpreises der DDR, Foto von 2021.

6 Adam, Theo: Seht, hier ist Tinte, Feder, Papier..., Berlin 1980, S. 21.

7 Ebd., S. 23.

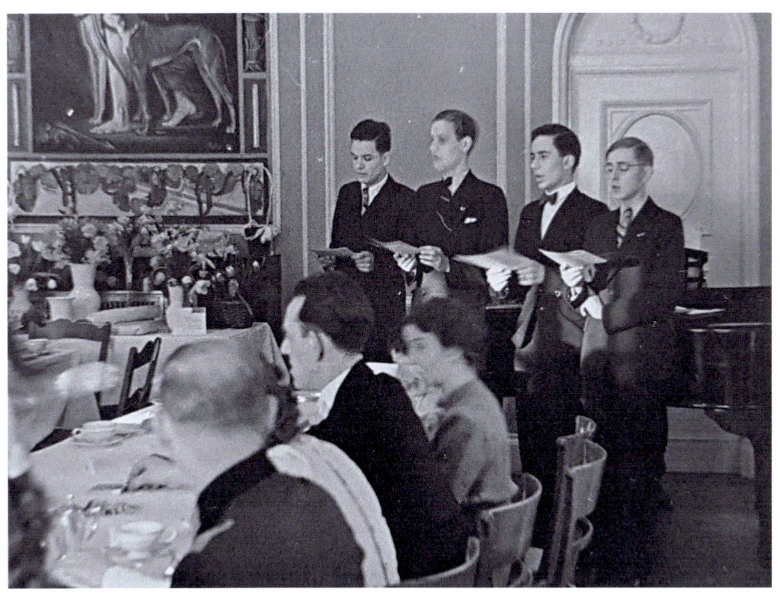

Theo Adam (links) im Gesangsquartett zu einer privaten Feier im Italienischen Dörfchen in Dresden, 1943.

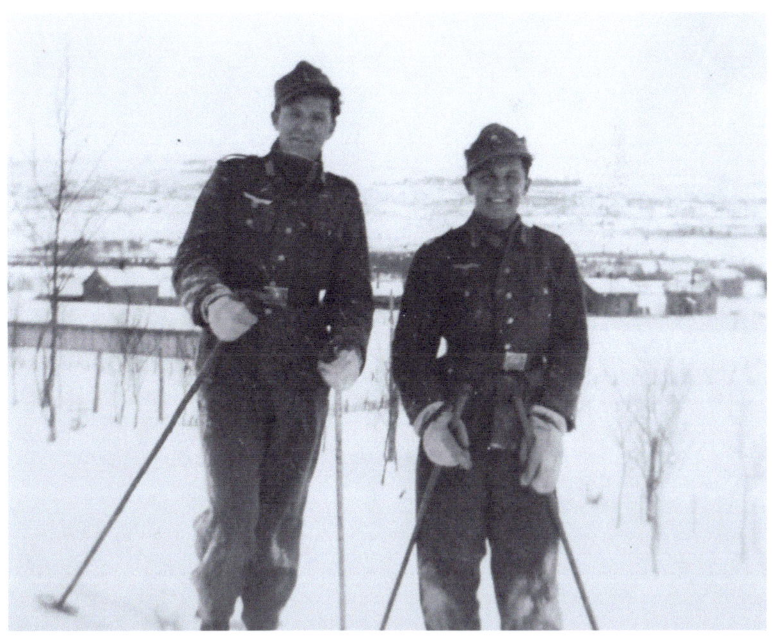

Theo Adam (links) als Fahnenjunker während seines Einsatzes an der Front in Norwegen, 1944.

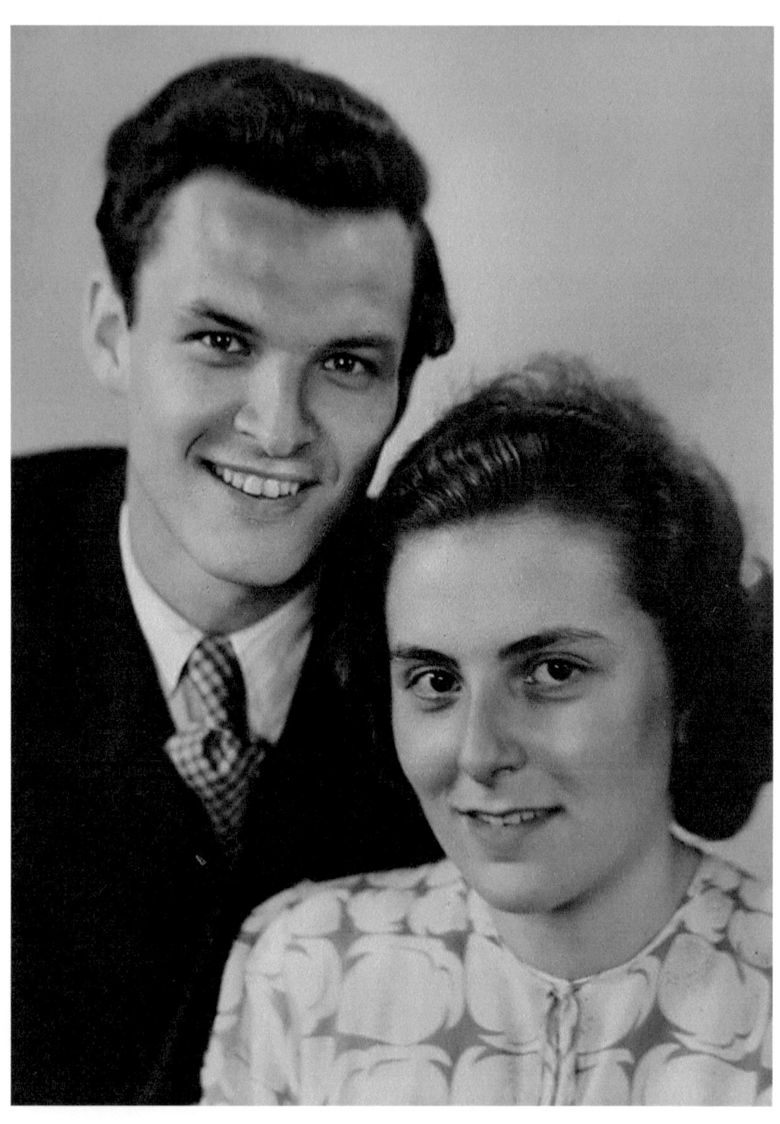

Der junge Theo Adam mit seiner späteren Frau, Eleonore Matthes (geb. 1928), zur Verlobung, 1949.

Theo Adam
Nachkriegszeit und Karrierebeginn

Nach der Rückkehr aus der Kriegsgefangenschaft entschied sich Theo Adam auf Anraten seines Vaters für eine Ausbildung zum Lehrer. Der sogenannte „Neulehrerkurs“ dauerte nur vier Wochen und fand in Dresden-Wachwitz statt. Anschließend unterrichtete Adam die Fächer Deutsch, Mathematik, Musik, Sport und Kunst. Er leitete zudem einen Chor. In dieser Zeit lernte er seine Frau, Eleonore Matthes, kennen, die er 1949 heiratete. Sie begleitete seine Karriere, wurde praktisch seine Managerin und hielt alle Vorstellungen dokumentarisch in einem Sammelalbum fest. Neben seiner Tätigkeit als Lehrer nahm Adam Privatstunden in Gesang bei Kammersänger Rudolf Dittrich (1903–1990), sodass Adam selbst sagte: *„Morgens lehrte ich, nachmittags lernte ich.“*[8]
Dittrich empfahl seinem begabten Studenten ein Vorsingen an der Sächsischen Staatsoper, wo Theo Adam 1949 sofort ein Engagement erhielt und im Großen Haus seine Karriere begann. Anfangs sang er vor allem kleine Partien, wie den Tschernjakowski in „Boris Godunow“ und gewann zunehmend an Bühnensicherheit, bis er am 25. Dezember 1949 als Eremit im „Freischütz“ eine erste große Rolle erhielt. Dirigent Joseph Keilberth (1918–1968) hatte den 23-Jährigen nur vier Monate nach seinem Bühnendebüt während einer Klavierprobe gebeten, für den erkrankten Gottlob Frick (1906–1994) einzuspringen und war so begeistert, dass er Adam die Rolle in einer Vorstellung singen ließ. Diese Partie begleitete Adam sein Leben lang; er sang sie auch zur Wiedereröffnung der Semperoper 1985, die im Fernsehen übertragen wurde. Mit dem Eremit beschloß er auch seine Bühnenkarriere in Dresden am 30. November 2006: *„Es war ein grandioser Abschied, mit nicht enden wollendem Beifall. Das hat mein altes Herz tief berührt“*, resümierte Adam nach seiner allerletzten Vorstellung.[9]

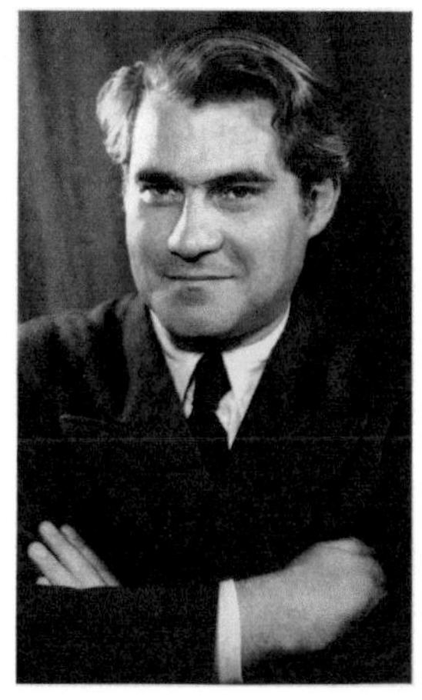

Jospeh Keilberth förderte die Karriere des jungen Sängers, um 1950.

8 Klempnow, Bernd: Trauer um Dresdner Opernsänger Theo Adam, in: Sächsische Zeitung, 11.01.2019.

9 Bild, 2. Dezember 2006.

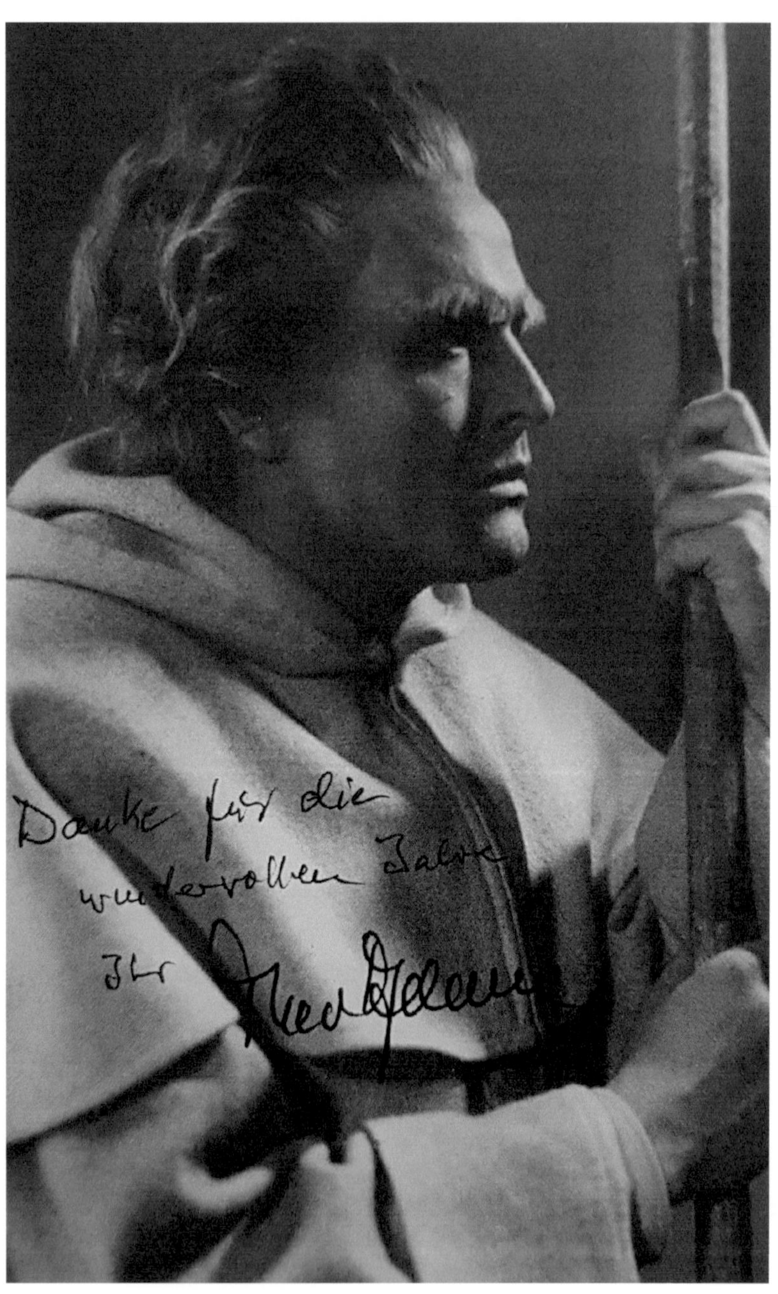

Theo Adam als Eremit 1950 zu seinem Debüt am 25. Dezember 1949 an der Dresdner Staatsoper mit der Unterschrift zum Abschied von der Bühne, 2006.

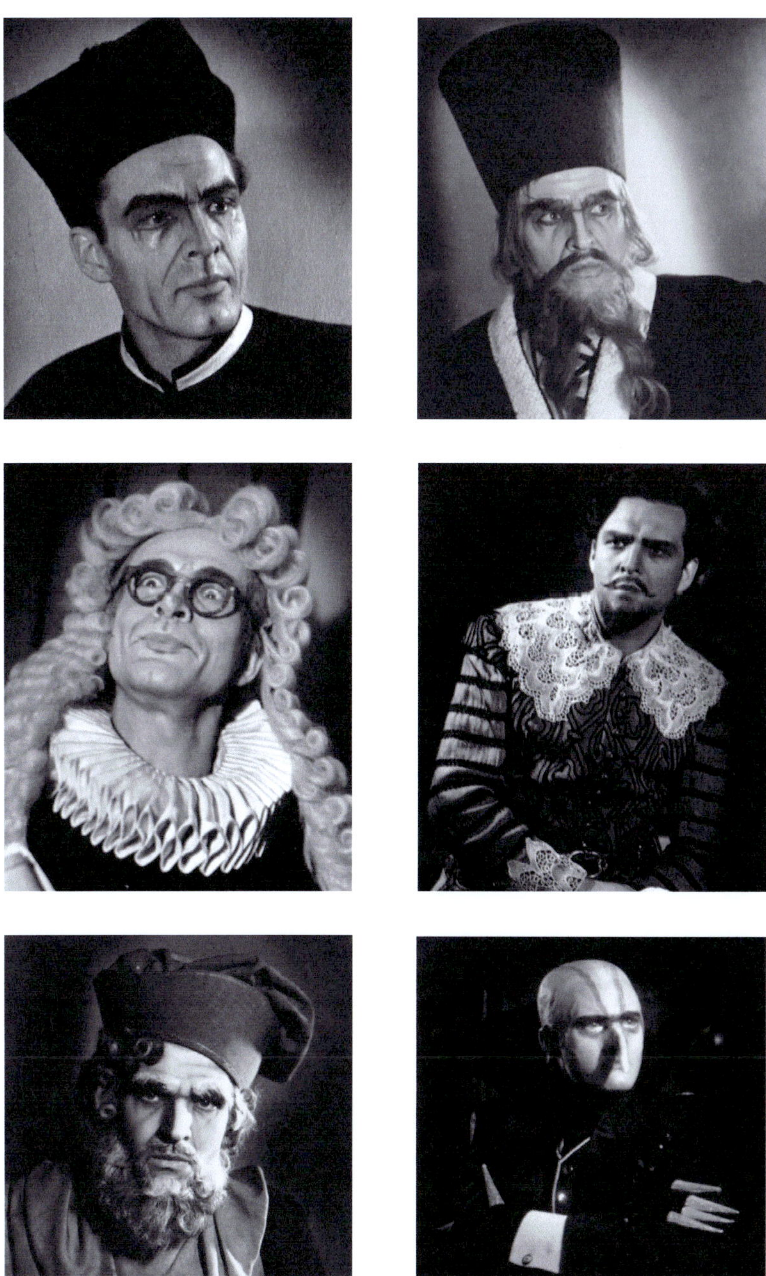

Links oben: Theo Adam in seiner ersten Rolle an der Staatsoper Dresden als Tschernjakowski in „Boris Godunow“ von Mussorski am 18. September 1949. Auf den anderen Bildern ist Theo Adam in unterschiedlichen Rollen während seiner Anfangsjahre an der Dresdner Staatsoper zu sehen, Fotos von 1949 bis 1950.

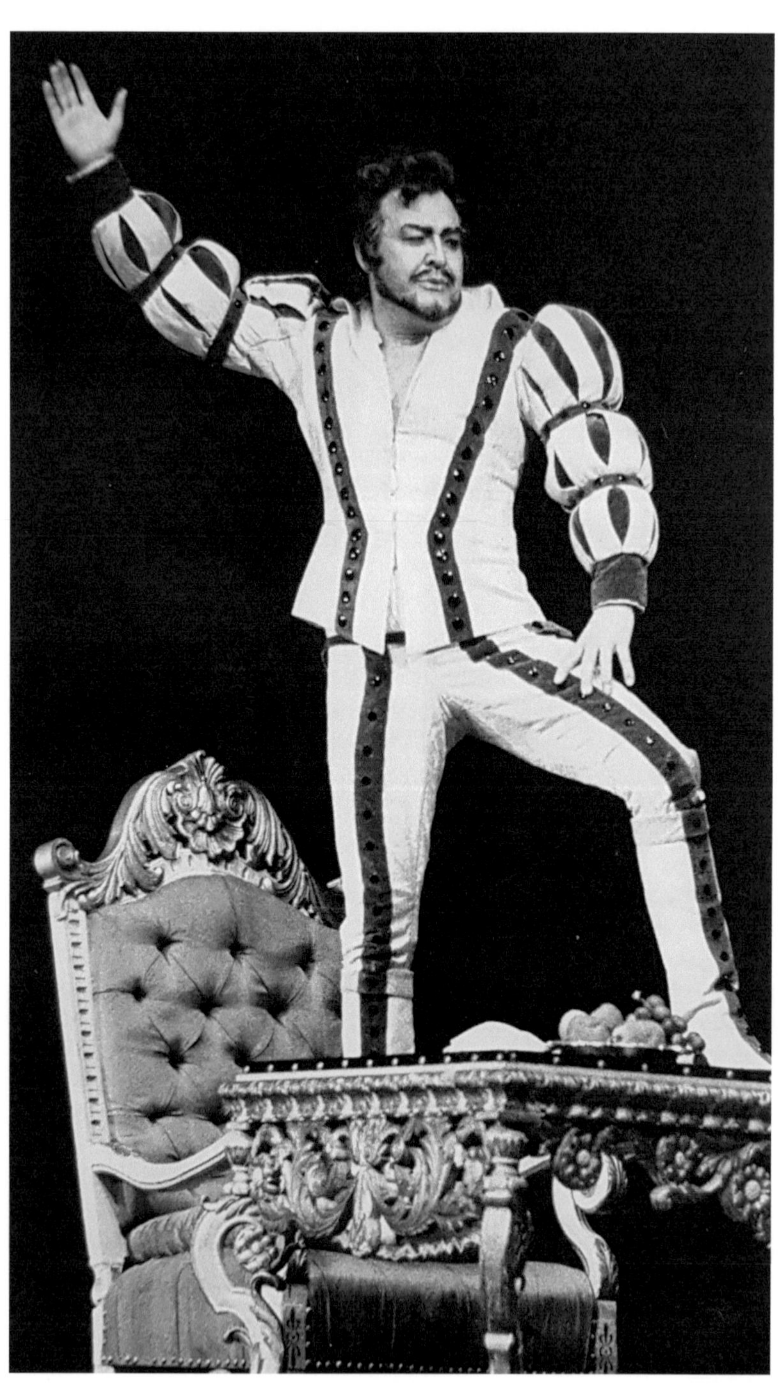

Theo Adam als Don Giovanni.

Theo Adam
Stationen einer Karriere

Theo Adam durchlief ab den 1950er Jahren eine beeindruckende Karriere, die ihn von der Staatsoper Dresden an die Deutsche Staatsoper Berlin und von dort in die ganze Welt führte. 1952 war er erstmalig zu Gast bei den Bayreuther Festspielen – er war gerade 26 Jahre alt. Nachdem er 1953 fest als Solist an die Berliner Staatsoper verpflichtet wurde, ernannte man ihn 1955 bereits zum Kammersänger (einem der jüngsten überhaupt), und er erhielt 1959 den Nationalpreis der DDR – der Auftakt zu zahlreichen, internationalen Auszeichnungen und Ehrungen. Den Titel eines „Kammersängers" erhielt er 1969 noch in Wien und 1980 in Bayern.[10] 1995 erhielt er das Bundesverdienstkreuz.

Die Preise waren teilweise mit hohen finanziellen Zuwendungen verbunden, weshalb Theo Adam neben Peter Schreier in der DDR zahlreiche Privilegien genießen konnte. Bereits die dauerhafte Möglichkeit, in Ländern wie der USA, Großbritannien oder Österreich zu gastieren, stellte eine Besonderheit dar. Einen Großteil des Honorars, welches im westlichen Ausland verdient wurde, musste allerdings an den Staat als Devisen abgeführt, bzw. 1:1 in DDR-Mark getauscht werden.

Bereits 1954 konnte Theo Adam nach seinem Debut in Bayreuth an der Frankfurter Oper und der Wiener Staatsoper gastieren; 1967 sang er erstmalig am Royal Opera House in London den Wotan. 1969 debütierte er als Hans Sachs an der Metropolitan Opera in New York – eine Rolle, die er selbst als seine liebste Wagner-Rolle bezeichnete.[11] Von 1981 bis 1999 sang er ständig bei den Salzburger Festspielen.

In seiner über 52-jährigen Sängerkarriere gestaltete er 110 Partien, wobei er vor allem als Wagner-Sänger Berühmtheit erlangte. Insgesamt gab er etwa 4.200 Vorstellungen und 1.300 Konzerte weltweit. In Bayreuth war er ständiger Gast und arbeitete mit allen großen Dirigenten und Sängern seiner Zeit zusammen. Seine Interpretationen des Ochs („Der Rosenkavalier") oder Hans Sachs („Die Meistersinger") haben Maßstäbe gesetzt und gelten bis heute als unübertroffen. Seine warme Baßstimme, die erstaunliche Höhe hatte, besaß ein unverwechselbares Timbre und ist auf über 100 Plattenaufnahmen verewigt.

10 https://www.bundesstiftung-aufarbeitung.de/de/recherche/kataloge-datenbanken/biographische-datenbanken/theo-adam (Stand: 4.2.2021).

11 Dresdner Morgenpost,12. Januar 2019, S. 15.

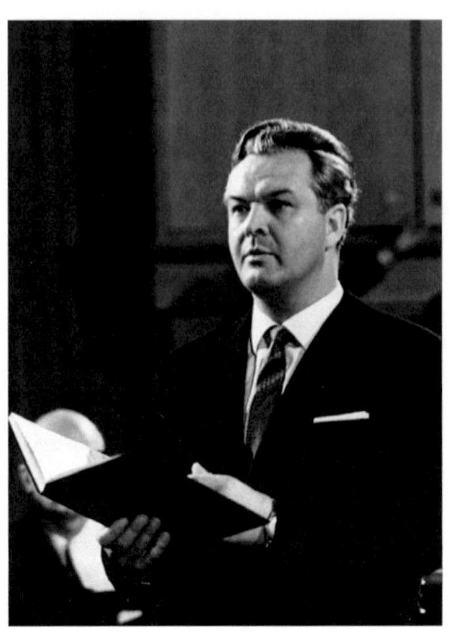

Theo Adam während eines Konzertes.

Etwa zwei Drittel der Schallplattenaufnahmen wurden in der Dresdner Lukaskirche eingespielt, die für ihre hervorragende Akkustik berühmt ist. Dazu gehört auch die legendäre Aufnahme des „Freischütz" mit Peter Schreier unter Carlos Kleiber (1930–2004). Bei den Aufnahmen in Dresden lud Familie Adam die Künstler nach getaner Arbeit zu sich nach Hause ein: *„Für alle Beteiligten waren ja solche Aufnahmen sehr antrengend, es waren Tage höchster Konzentration, da jeder versuchte, das Beste zu geben. Daher wollten meine Frau und ich in jeder Aufnahmeperiode auch für Stunden der Entspannung sorgen, indem wir alle Kollegen, die jeweiligen Dirigenten eingeschlossen, zu einer gemütlichen Runde in unser Haus einluden. Man lernte sich dabei auch privat näher kennen, und es war erfreulich, daß uns auch alle Dirigenten zusagten, zu kommen. Nur einer machte eine Ausnahme: Herr von Karajan; der ‚liebte' solche Sachen nicht."*[12]

In seinen autobiografischen Schriften, wie beispielsweise „Ein Sängerleben in Begegnungen und Verwandlungen", beschreibt Adam ausführlich seine Erfahrungen mit anderen Dirigenten, Regisseuren und Künstlerpersönlichkeiten. Er ist dabei zutiefst dankbar, dass sie seine Karriere größtenteils klug begleitet und gefördert haben. Allen voran nennt er Joseph Keilberth, der am Anfang behutsam den jungen Sänger an seine Rollen heranführte. Später war es Wieland Wagner, der Adam in Bayreuth systematisch die großen Rollen singen ließ, ohne die Entwicklung der Stimme zu überfordern.

Dabei interpretierte Adam nicht nur klassisches Repertoire, sondern widmete seine Stimme auch Uraufführungen und moderner Musik, wie beispielweise der Titelrolle in der Uraufführung von Paul Dessaus „Einstein" (1974, Staatsoper Berlin) und Ernst Kreneks „Karl V.". In Salzburg sang er die Titelrolle in Friedrich Cerhas Oper „Baal". Bei

12 Adam, Theo: Ein Sängerleben in Begegnungen und Verwandlungen, S. 45.

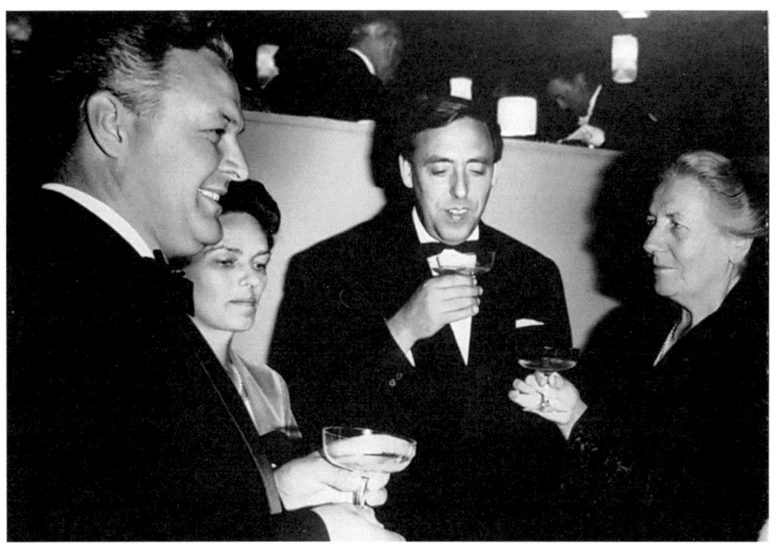

Theo Adam während eines Empfangs mit dem Dirigenten Otmar Suitner und dessen Frau (Mitte) und der umstrittenen Winifred Wagner (rechts).

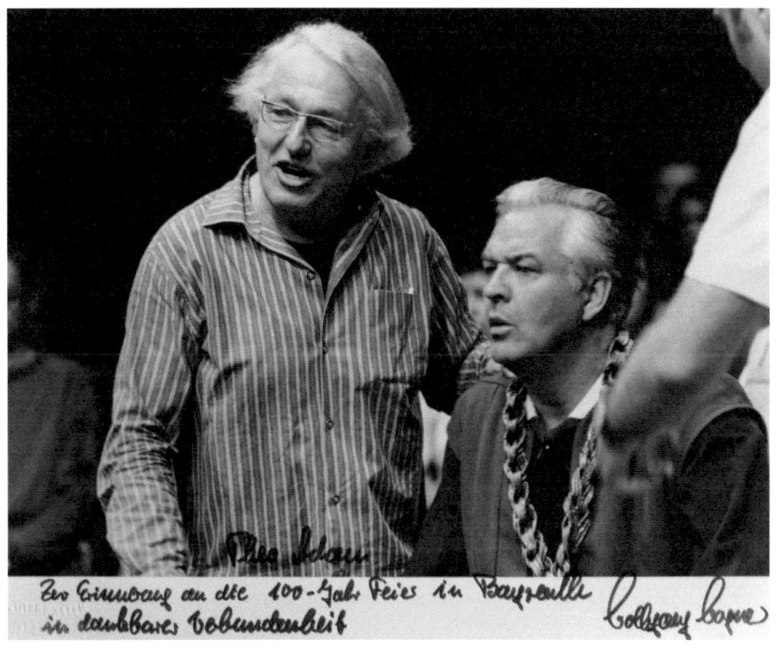

Wolfgang Wagner und Theo Adam in Bayreuth mit Widmung Wagners, 1976.

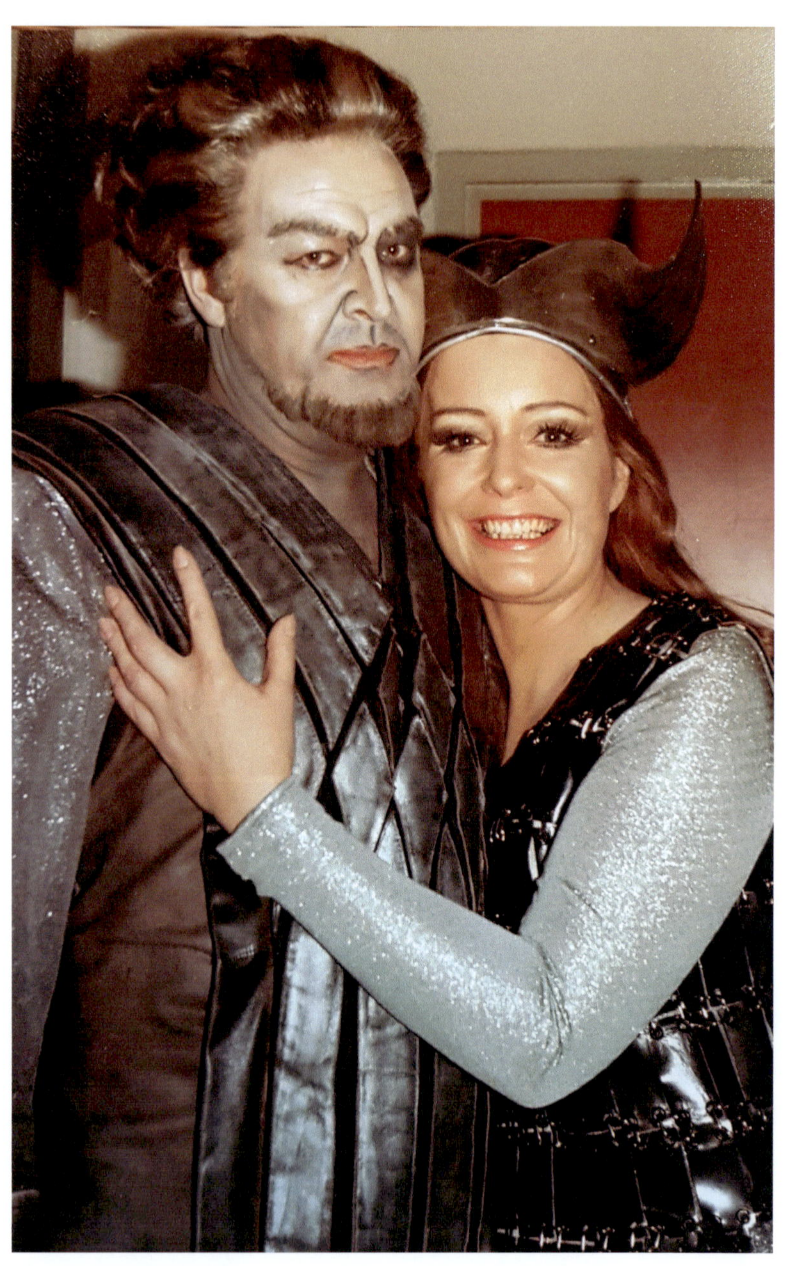

Theo Adam mit Gwyneth Jones als Wotan und Brünhilde, 1977.

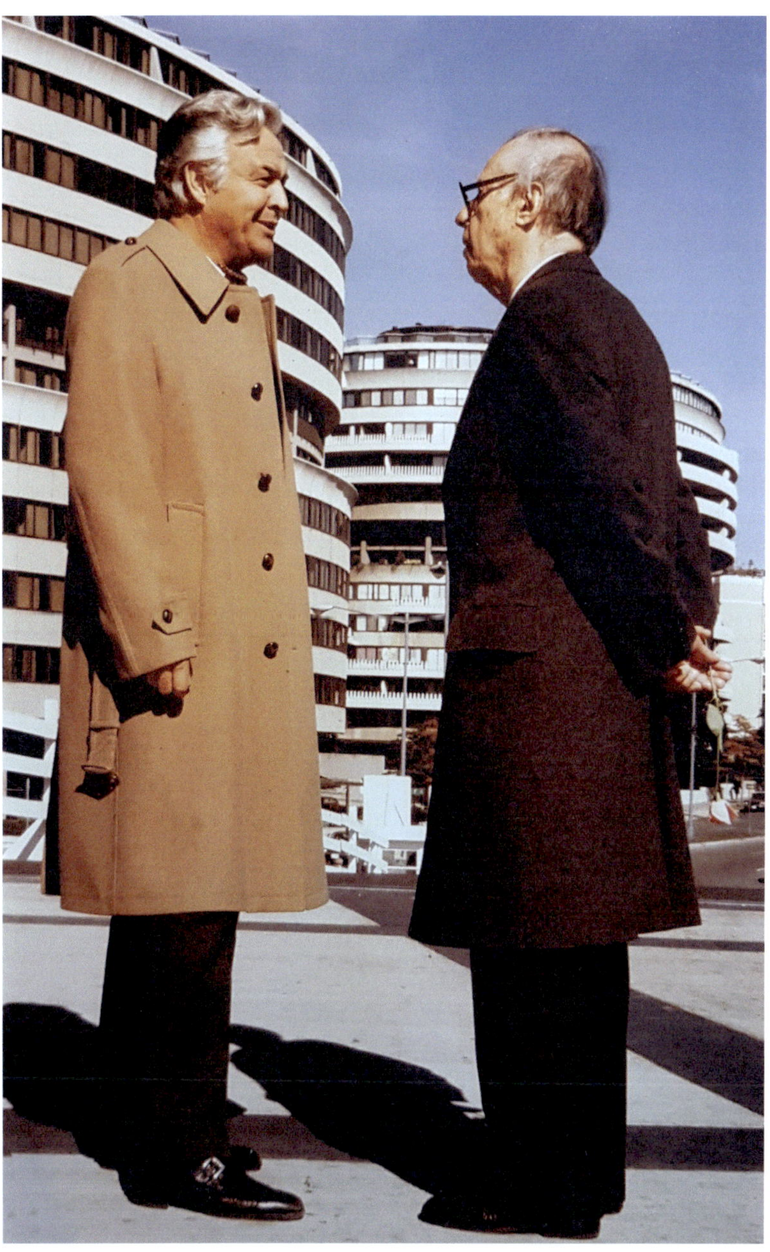

Theo Adam mit Karl Böhm (1894–1984) in Washington, 1979.

einem Gedenkkonzert zur Befreiung des Todeslagers Auschwitz in der Berliner Staatsoper übernahm Theo Adam die Rolle des markanten Sprechers in Arnold Schönbergs „Ein Überlebender aus Warschau" (1995). Einige Jahre zuvor hatte er an gleicher Stelle dem Moses in der Oper „Moses und Aron" von Arnold Schönberg in der Lesart von Ruth Berghaus seine Stimme und Interpretation gewidmet.[13]
Höhepunkt seiner Karriere war sicher die Mitwirkung als Eremit bei der Wiedereröffnung der Semperoper, die in ganz Deutschland übertragen wurde. Über fünf Millionen Menschen sahen allein in der Bundesrepublik Deutschland den „Freischütz" am Fernseher. 1994 wurde Adam durch Intendant Christoph Albrecht (geb. 1944) zum Ehrenmitglied der Dresdner Semperoper ernannt, wo man ebenfalls einen Theo-Adam-Preis stiftete.
1979 hatte Adam, genau wie später Peter Schreier, eine Honorarprofessur an der Dresdner Musikhochschule erhalten. Zahlreiche Meisterkurse folgten.

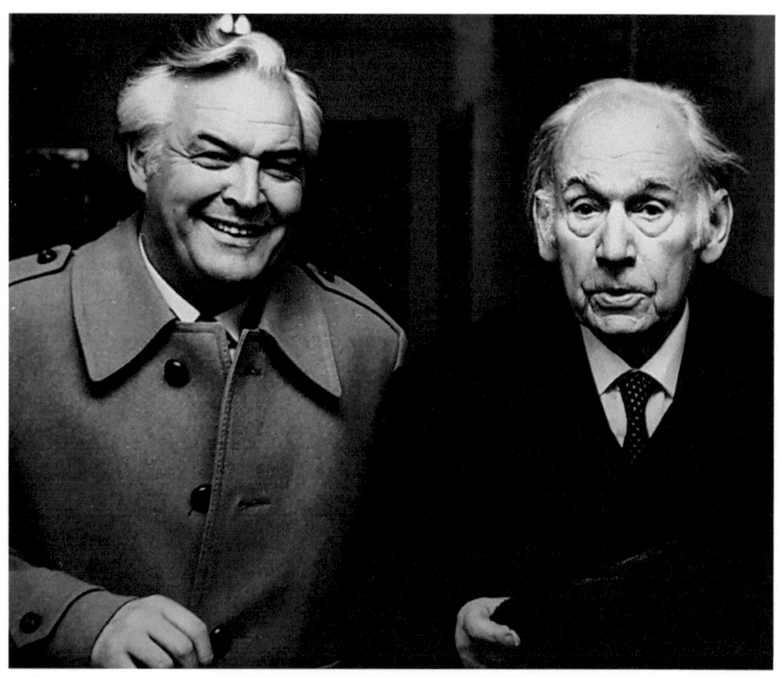

Theo Adam mit seinem Lehrer Rudolf Dittrich, der auch Schreier unterrichtete.

13 Walter, Lucie: Kruzianer, Meistersinger. Kammersänger Prof. Theo Adam wird heute fünfundsiebzig, in: Neues Deutschland, 1.8.2001.

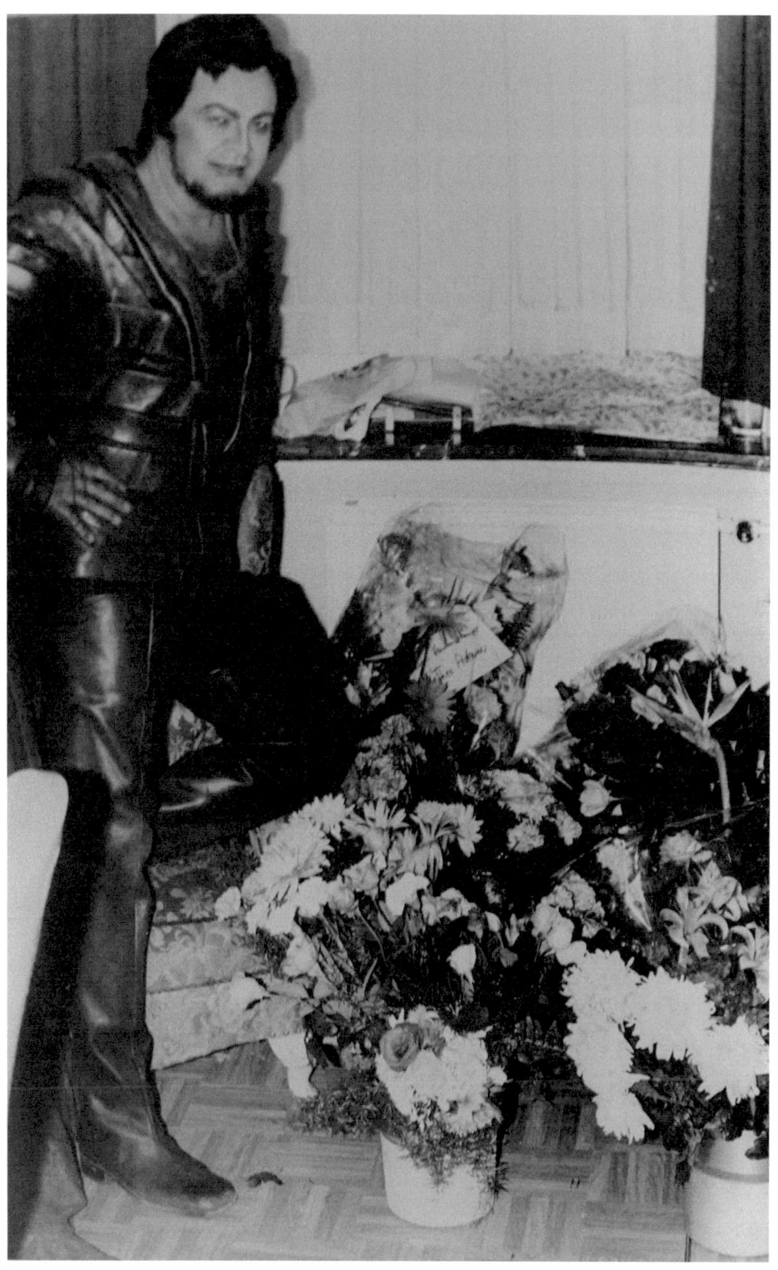

Theo Adam mit zahlreichen Blumensträußen nach einer Vorstellung.

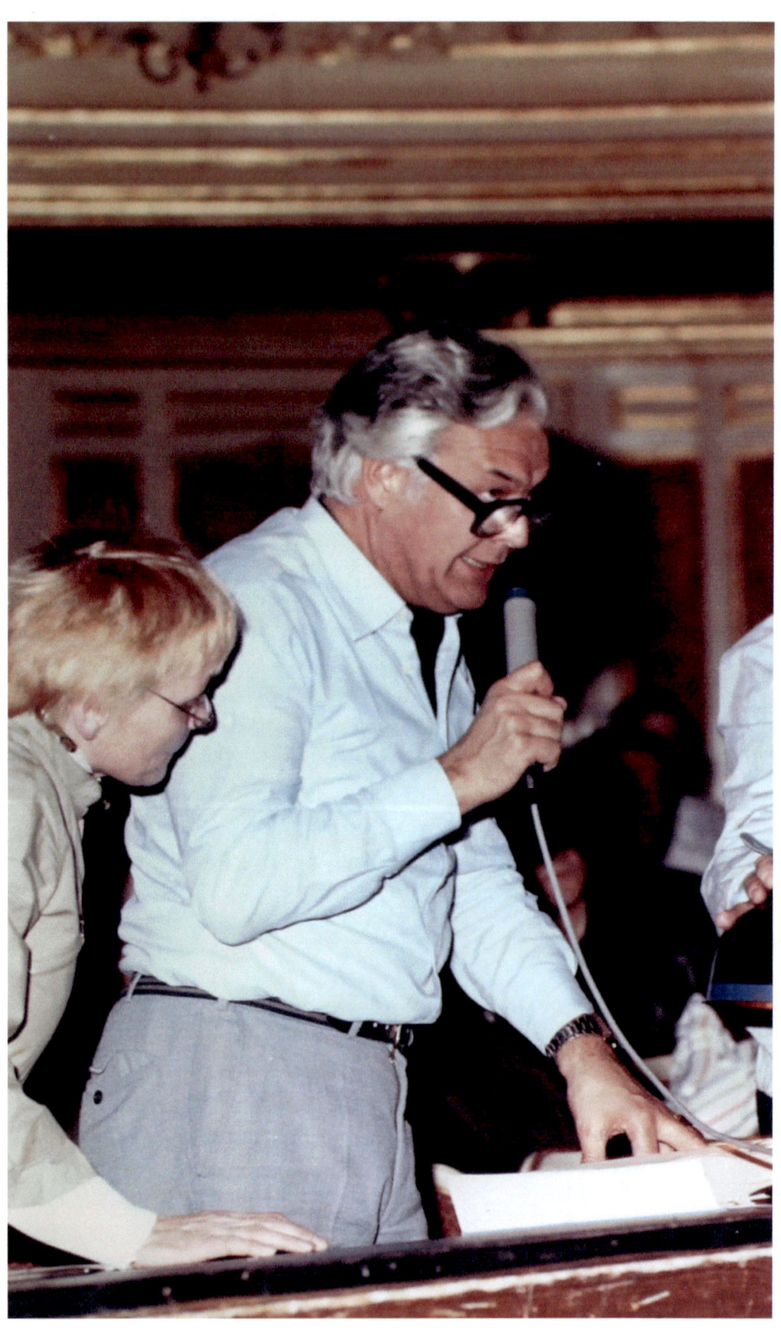

Theo Adam mit Ingrid Steger (links) während einer Produktion an der Deutschen Staatsoper Berlin, 1980.

Theo Adam als Regisseur und Autor

Im Gegensatz zu anderen Sängern, wie Peter Schreier, Dietrich Fischer-Dieskau oder Placido Domingo, widmete sich Theo Adam nicht dem Dirigieren, sondern wandte sich der Regie zu *„Ich hatte ein kleines Theater zu Hause, bestehend aus einem Papierschirm, hinter den man eine brennende Kerze stellte. Damit spielte ich Schattentheater. Das war etwas Herrliches*“, erzählte Adam in einem Interview. Bereits als Neulehrer studierte er mit seinen Schülern kleine Stücke ein und sammelte so erste Erfahrungen.
Geprägt wurde seine Auffassung von Regiearbeit durch die Eindrücke, die er selbst als Sänger gesammelt hatte, wobei manche Regisseure geradezu eine Vorbildwirkung für ihn hatten. Dazu gehörte beispielsweise Günther Rennert (1911–1978): *„Im Verein mit Karl Böhm am Pult war das Ergebnis ein Beispiel modernen Musiktheaters ohne überzogene Regiemätzchen. Jede neue Art der Zusammenarbeit mit diesem einmaligen Theatermann hat in meinem Dasein als Sänger bleibende, mir immer wieder nützliche Spuren hinterlassen. Mit diesen Erfahrungen, durch private Begegnungen und Gespräche vertieft, konnte ich mir das Rüstzeug auch für meine eigenen sieben Inszenierungen (in Berlin, Dresden und München) bei dem Meisterregisseur Rennert ‚erlauschen‘.*“[14]
Weitere Inspirationen erhielt er von dem Wiener Regisseur Otto Schenk (geb. 1930): *„Die Probenarbeit mit Otto Schenk war für mich auch immer eine Lehrzeit für meine späteren eigenen Regiearbeiten.*“[15]
Seine erste Regiearbeit am Theater bildete 1972 Mozarts „Hochzeit des Figaro“ an der Deutschen Staatsoper Berlin.
Insgesamt inszenierte Adam sieben Opern: fünf an der Deutschen Staatsoper, „Parsifal“ an der Semperoper Dresden und „Capriccio“ an der Bayerischen Staatsoper München. Für ihn stand dabei immer der Inhalt und die eigentliche Aussage der Oper im Mittelpunkt: *„Sprache, Zeit und Geschmack ändern sich, doch es bleibt immer Aufgabe des Regisseurs, dem Publikum nahezubringen, was der Autor sagen wollte. Der Regisseur darf nichts Anderes tun, als ihm zu helfen.*“
Später kritisierte er moderne Inszenierungen teilweise stark: *„Heute verwechseln viele Regisseure szenische Meisterschaft oft genug mit ab-*

14 Adam, Theo: ein Sängerleben in Begegnungen und Verwandlungen, S. 85.
15 Ebd., S. 96.

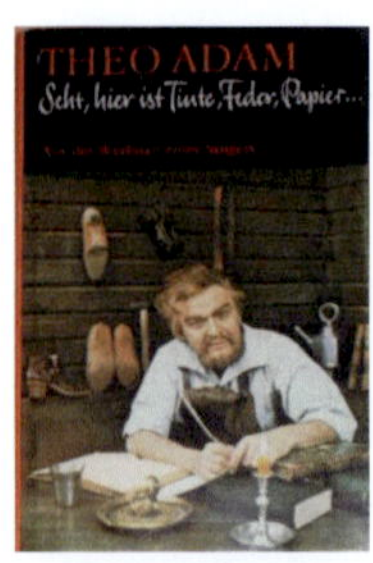

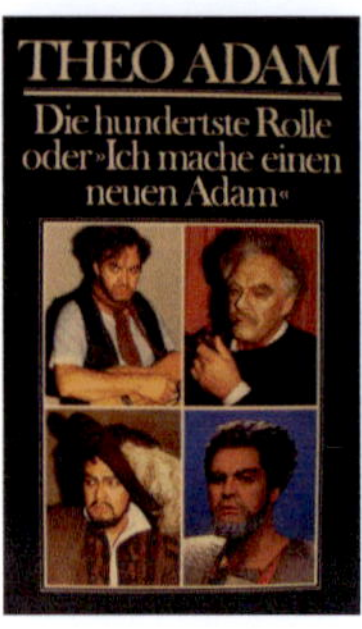

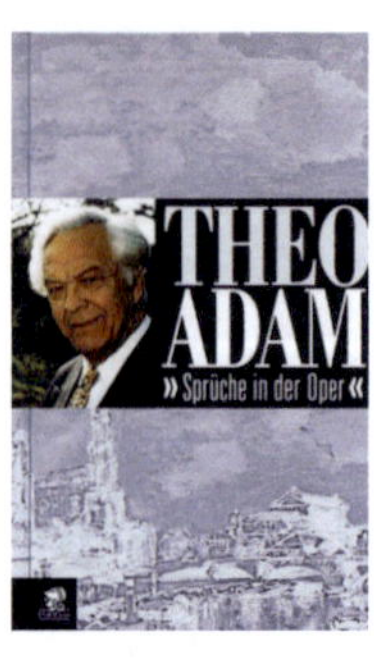

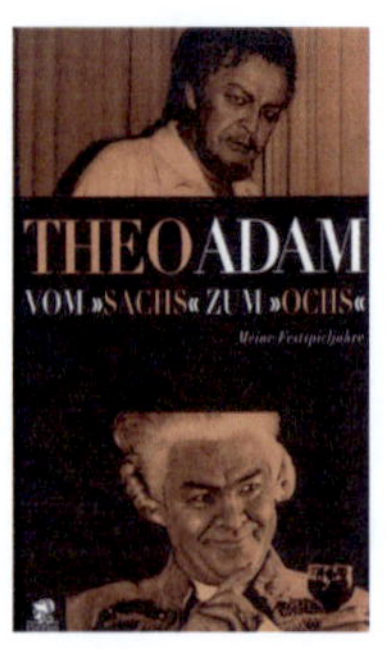

surder Profilierungssucht!“[16] Im DDR-Fernsehen bekam Adam eine eigene Sendung: „Theo Adam lädt ein“, die von 1977 bis 1989 produziert wurde. Zu Gast waren dort internationale Stars der Klassik-Szene, die mit ihm plauderten und Lieder und Arien sangen. Zu den bekanntesten Gästen gehörten Celestina Casapietra, Helen Donath, Edith Mathis, Brigitte Fassbaender, Norman Shetler, Jessye Norman, René Kollo und viele andere. Die Sendung erhielt in der DDR mehrere Preise.

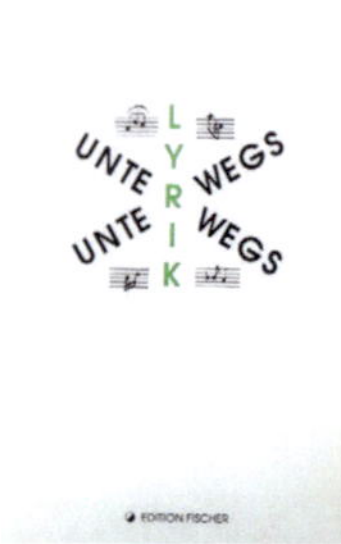

Theo Adams Lyrikband, 1994.

Des Weiteren wurde Adam selbst schriftstellerisch tätig und veröffentlichte mehrere Bücher, die sich rund um sein Bühnenleben drehen. Dazu gehören die Bände „Seht her, hier ist Tinte, Feder, Papier“ (Berlin, 1980), „Die hundertste Rolle oder ich mache einen Adam“ (Berlin 1986), „Theo Adam. Ein Sängerleben in Begegnungen und Verwandlungen“ (Berlin, 1998), „Sprüche in der Oper. Erlebt und gesammelt während 50 Sängerjahren in aller Welt“ (Berlin, 1999) und „Vom Sachs zum Ochs. Meine Festspieljahre“ (Berlin, 2001). Besondere Aufmerksamkeit verdient sein Gedichtband „Lyrik unterwegs. Musestunden eines reisenden Sängers“, der 1993 in Frankfurt am Main erschien. Im Vorwort berichtet Adam, wie es dazu kam, dass er Gedichte schrieb: Auslöser soll ein Tag im Hotel in Bonn gewesen sein, wo er beim Blick aus dem Fenster eine weiße Gestalt im Regenmantel sah. Daraus wurde das Gedicht „Herbst am Rhein“. Viele seiner Erlebnisse und Ansichten spiegeln sich so in seiner Lyrik wider.

16 Zitiert nach: „Ich sehe das so“. Der Sänger und Regisseur Theo Adam über das heutige Regietheater, in: Orpheus, April 2000.

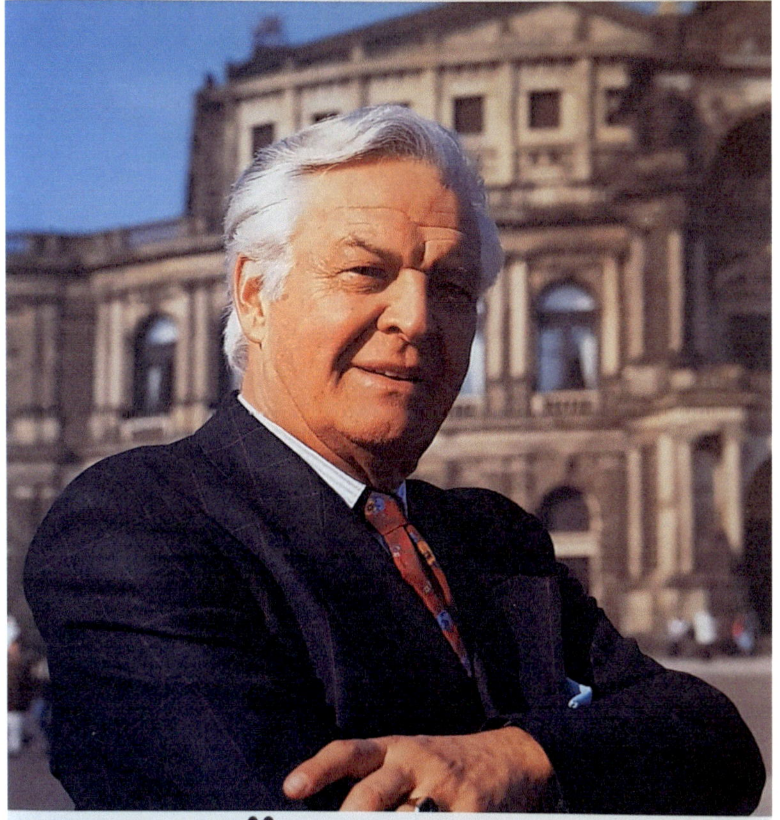

Cover von Theo Adams letzter Publikation mit ihm vor der Semperoper Dresden, 1996.

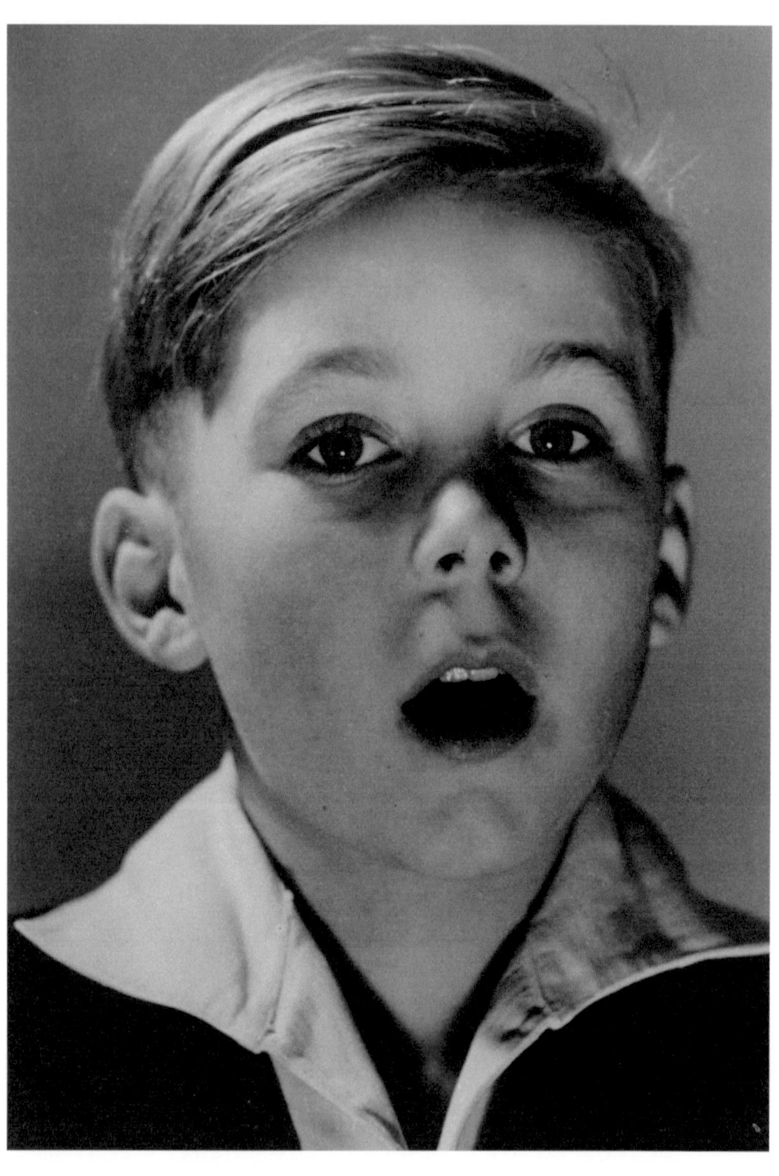

Peter Schreier während einer Kreuzchorstimmprobe, 1945.

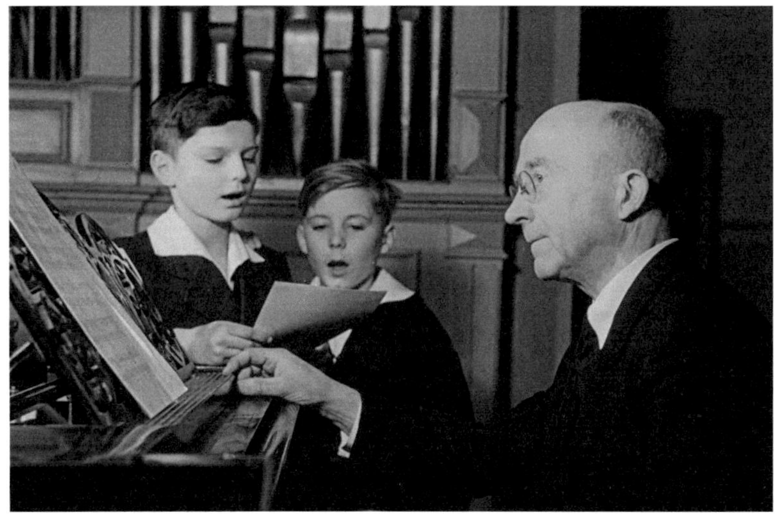

Die Kruzianer Jochen Schmidt und Peter Schreier während einer Einzelprobe mit Kreuzkantor Rudolf Mauersberger, Dezember 1945.

Peter Schreier Kindheit und Jugend

Peter Schreier wurde am 29. Juli 1935 in Meißen als erstes Kind der Familie geboren; drei Jahre später erblickte sein Bruder Bernhard das Licht der Welt. Seine Kindheit verlebte Schreier in dem nahegelegenen Dorf Gauernitz. Dort war sein Vater Max Schreier als Lehrer und Kantor tätig und förderte den stimm- und musikbegabten Knaben frühzeitig. Peter Schreier berichtete später, dass er bereits als Baby auf dem Flügel in den Schlaf gewiegt wurde.[17] Das Verhältnis zu seinem Vater war sehr eng. Bis ins hohe Alter unterstützte der Vater seinen Sohn, ging mit ihm Partien durch und musizierte gemeinsam mit ihm. Im Alter von acht Jahren besuchte Peter Schreier 1943 seine erste Opernaufführung – den „Freischütz" in der noch unzerstörten Semperoper – ein Erlebnis, das ihn tief beeindruckte. In diesem Jahr begann die Vorbereitung Schreiers für die Aufnahme in den Kreuzchor unter der Leitung von Kreuzkantor Rudolf Mauersberger (1889–1971).

17 Zitiert nach: Dresdner Tenor-Legende Peter Schreier im Alter von 84 Jahren gestorben, https://www.mdr.de/sachsen/dresden/dresden-radebeul/saenger-peterschreier-gestorben-dresden100.html (21.12.2020)

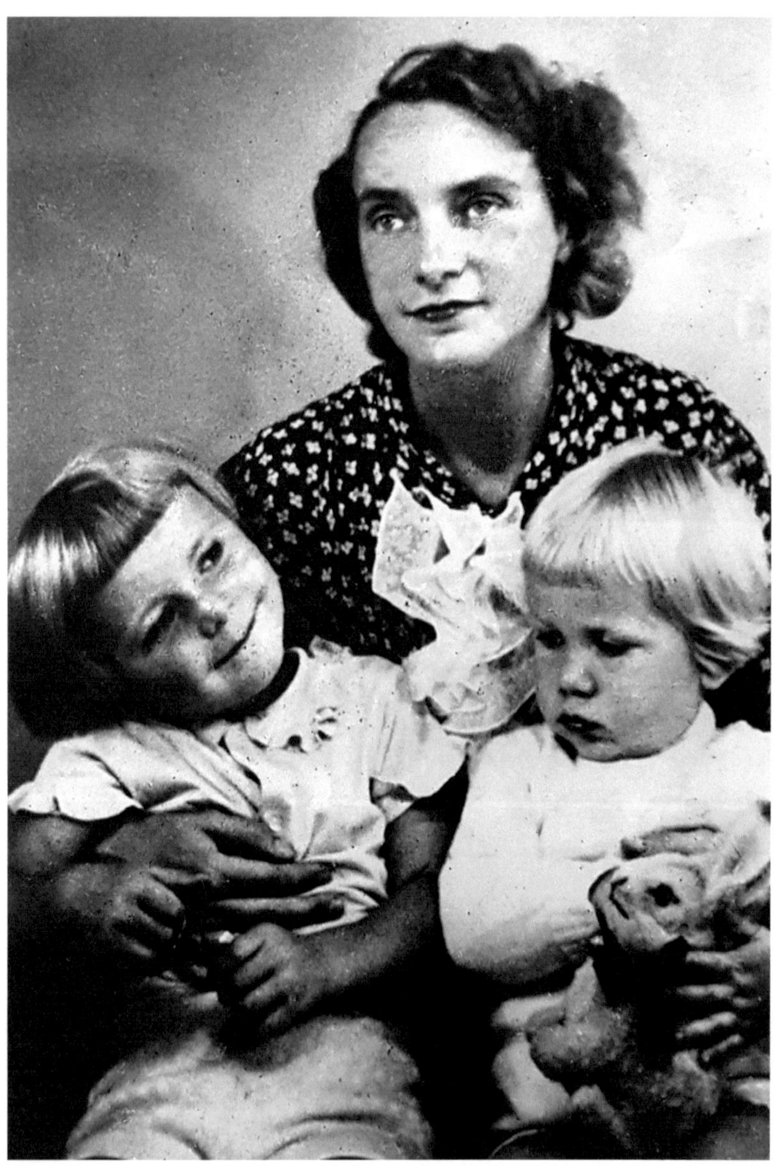

Peter Schreier (links) mit seinem Bruder Bernhard auf dem Schoß der Mutter Helene, 1940.

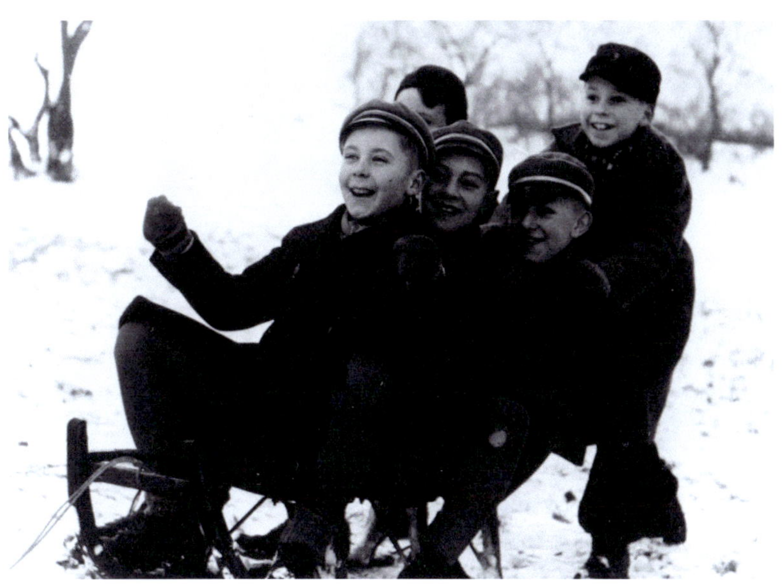

Peter Schreier (links vorn) mit anderen Kruzianern beim Schlittenfahren, 1945.

Er fuhr von nun an zweimal pro Woche nach Dresden, um Gesangsunterricht zu erhalten und Sicherheit beim Intonieren zu gewinnen.[18] Erste kleine solistische Aufgaben folgten; beispielsweise sang Schreier den zweiten Knaben in einer konzertanten Zauberflöten-Aufführung mit der Staatskapelle im Gewerbehaus.[19] Im Juli 1945 trat er dem Kreuzchor bei und zog nach Dresden. Peter Schreier sagte später über seine Kreuzchorzeit: „[…] *musikalisch habe ich durch den Kreuzchor unschätzbar profitiert, stilistisch, in der Kenntnis der Musikliteratur und der historischen Epochen. Ich habe im Kreuzchor die unentbehrliche Disziplin mitbekommen, und ich habe gelernt, mich im Interesse eines Werkes unterzuordnen.*“[20] Mauersberger erkannte früh das Talent des Jungen, der als Sopranist

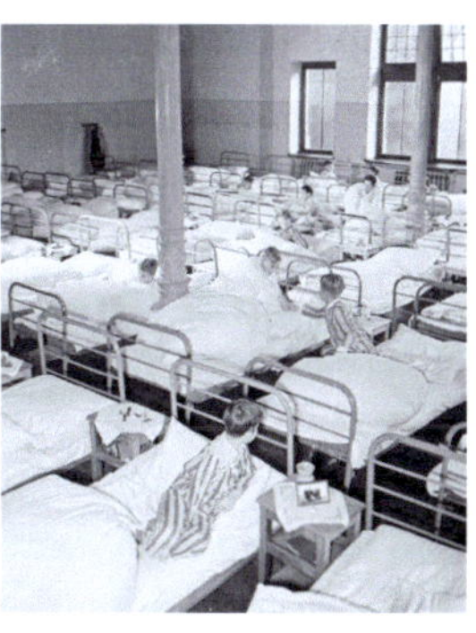

Der Interims-Schlafsaal der Kreuzschule nach 1945.

18 Helfricht, Jürgen: Peter Schreier, Melodien eines Lebens, S. 14.
19 Ebd., S. 14.
20 Zitiert nach: Laudatio von Brigitte Fassbänder anlässlich der Verleihung der Hugo-Wolf-Medaille am 2. Oktober 2011, http://www.mhalberstadt.net/Docu/HugoWolf-Fassbaender-Schreier_02102011.pdf, (10.03.2021).

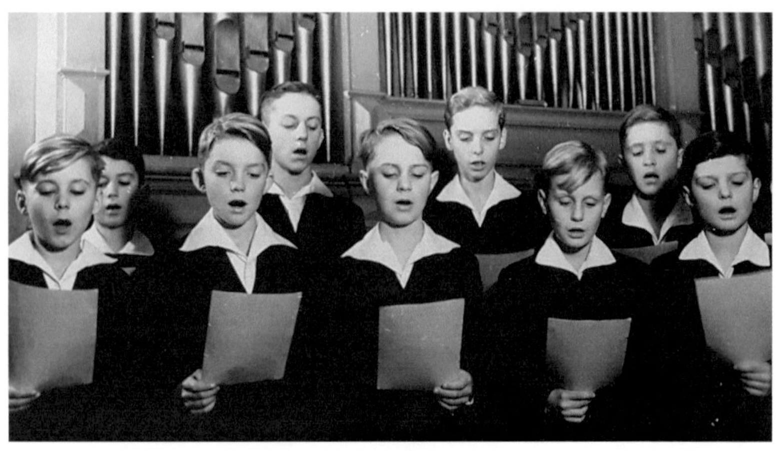

Peter Schreier (links) mit anderen Kruzianern, 1945.

bei ihm anfing und 1946 auf Empfehlung des Stimmtherapeuten und Englisch-Lehrers, Dr. Klunger, in den Knabenalt wechselte.[21] Kreuzkantor Mauersberger komponierte mehrere Werke für Peter Schreier und profitierte später auch von den hervorragenden Interpretationen und der Bekanntheit seines Schützlings.

Prägendes Ereignis im Leben der Kreuzchorschüler war die Zerstörung Dresdens am 13. Februar 1945 – elf Sängerknaben starben und die Kreuzschule wurde komplett zerstört. Schreier hatte die Bombennacht von Gauernitz aus beobachten können und begann in einer völlig zerstörten Stadt einen neuen Lebensabschnitt: „*Dass ich in einer Zeit in den Kreuzchor gekommen bin, wo alles zerstört war und von Null aufgebaut werden musste, das war insofern noch prägender, weil wir den ganzen Tag für den Kreuzchor gelebt und gearbeitet haben. Wir haben selbst die Noten geschrieben, die beim Angriff verbrannt waren. Wo Rudolf Mauersberger dann mit neuen Kompositionen kam, die er direkt für den Chor in dieser Situation geschrieben hat.*“[22]

Das Pensum des Chores in der Nachkrigeszeit war enorm – teilweise mussten 150 bis 200 Auftritte pro Jahr absolviert werden, was eine starke stimmliche Belastung darstellte. Peter Schreiers Bruder Bernhard, der später ebenfalls in den Kreuzchor eintrat, verließ aufgrund der Überlastung den Chor bereits wieder nach einem Jahr.[23]

21 Ebd., S. 23.

22 Zitiert nach: Ein Weltstar aus Meißen, in: Musik in Dresden, https://www.musik-in-dresden.de/2019/12/26/peter-schreier/ (21.12.2020).

23 Helfricht, Jürgen: Peter Schreier, Melodien eines Lebens, S. 30.

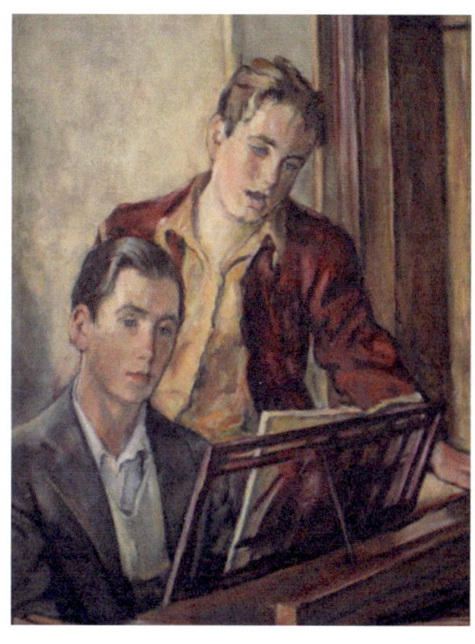

Peter Schreier (stehend) mit Hans Jürgen Wächtler am Klavier, Ölgemälde von Paul Oberhoff, 1950er Jahre.

1950 übernahm Peter Schreier als Knabensolist die Alt-Partie in der „Johannes-Passion" und der „h-Moll-Messe" und feierte damit enorme Erfolge, als er gerade 14 Jahre alt war.
Mit den stetig steigenden solistischen Aufgaben vermehrte sich auch der Ruhm des jungen Kruzianers, den bald fast jeder Dresdner kannte. Mauersberger setzte sich deshalb persönlich für verbesserte Wohnbedingungen der Familie Schreier ein.[24]
In den 1950er Jahren wurde Peter Schreier von dem Maler Paul Oberhoff (1884–1960) gemeinsam mit dem Kruzianer Hans Jürgen Wächtler am Klavier verewigt. Das Gemälde befindet sich bis heute im Familienbesitz der Schreiers, wobei Peter Schreier selbst später eine Sammlung von Oberhoff-Gemälden anlegte.[25]
Nach dem Stimmbruch sang Schreier als Tenor weiter und wurde zum Chorpräfekten (Assistenten des Chorleiters) ernannt; so konnte er erste Erfahrungen als Dirigent und Chorleiter sammeln. Da seine schulischen Leistungen nicht optimal waren, wiederholte Schreier die elfte Klasse. Dadurch blieb er dem Chor noch ein Jahr länger als Präfekt erhalten.[26] Zu seinen Leidenschaften während der Schulzeit (und später) gehörte das Fußballspielen.
Rudolf Mauersberger sah die Zukunft des begabten Tenors im Kreuzchor und empfahl ihm deshalb 1954 ein Privatstudium bei Fritz Polster (1891–1971) in Leipzig. Währenddessen blieb Schreier weiter für den Kreuzchor als Stimmbildner und Solist tätig. Mauersberger soll in Schreier sogar einen potenziellen Nachfolger als Kreuzkantor gesehen haben, den er mit Hilfe dieser ungewöhnlichen Ausbildung dauerhaft an den Kreuzchor binden wollte.

24 Ebd., S. 37.
25 Ebd., S. 26.
26 Ebd., S. 34.

Studium an der Dresdner Musikhochschule 1956 bis 1959 und erste Engagements

1956 wurde das Verhältnis zu Mauersberger getrübt, als Peter Schreier in der Kreuzkiche bei Aufführungen als Evangelist in der „Matthäus-Passion“ stimmlich überfordert war und damit bei Mauersberger auf völliges Unverständnis traf: „*Den Evangelisten in der Matthäus-Passion zu singen, das war für mich ein Traum. Jahrelang habe ich als Kruzianer die Evangelisten mehr oder weniger bewundert und gedacht, ‚das müsstest du auch mal können‘. 1955 hatte ich bereits den Evangelisten in der Johannes-Passion gesungen, und nun traute ich mir zu, ihn auch in der Matthäus-Passion singen zu können. Fritz Polster hätte mich davon abhalten oder mindestens warnen müssen. Mauersberger wiederum nahm mir übel, dass ich dann auch noch die Karfreitagsaufführung absagte. Er hatte überhaupt kein Verständnis für mein Versagen. Ich war jahrelang unter seinen Fittichen gewesen und hatte immer seinem Ideal entsprochen. Plötzlich ging es nicht mehr so, wie er es wollte. Das führte zu einem Bruch zwischen uns, der etwa zwei Jahre bestehen blieb. Aber das hatte auch sein Gutes: Ich habe mich in dem Moment erst einmal vom Kreuzchor gelöst. Und ich entschied mich dann doch für ein reguläres Studium, sang an der Dresdner Musikhochschule vor und wurde aufgenommen.*“[27]

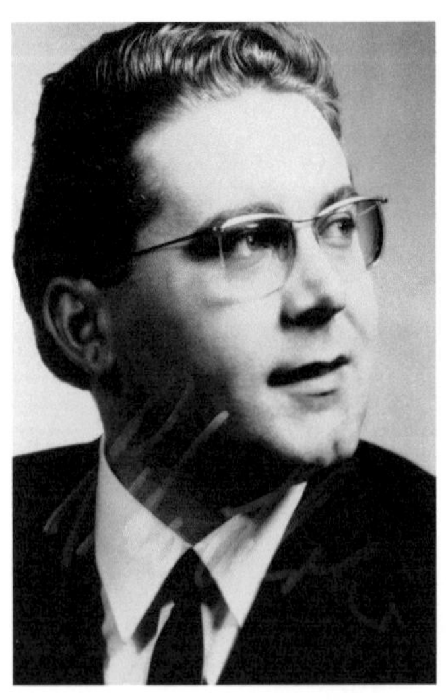

Foto mit Autogramm aus Schreiers Anfangsjahren, um 1960.

Nach der stimmlichen Krise entschied sich Schreier somit gegen den Wunsch von Mauersberger für ein Studium an der Dresdner Musikhochschule bei Herbert Winkler (1924–2009), und es kam zu einem Einschnitt in der Beziehung zum Kreuzkantor. Eine Aussöhnung erfolgte zwei Jahre später.

27 Zitiert nach: GewandhausMagazin Nr. 47, Juni 2005.

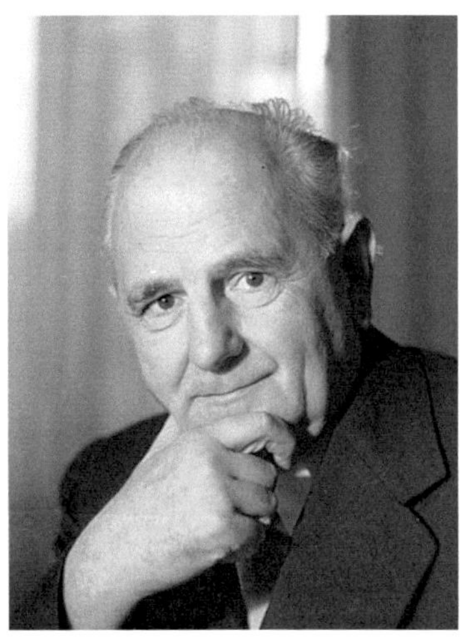

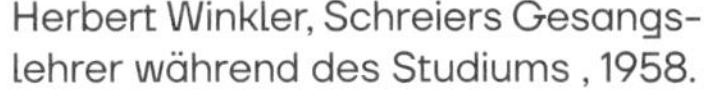

Herbert Winkler, Schreiers Gesangslehrer während des Studiums , 1958.

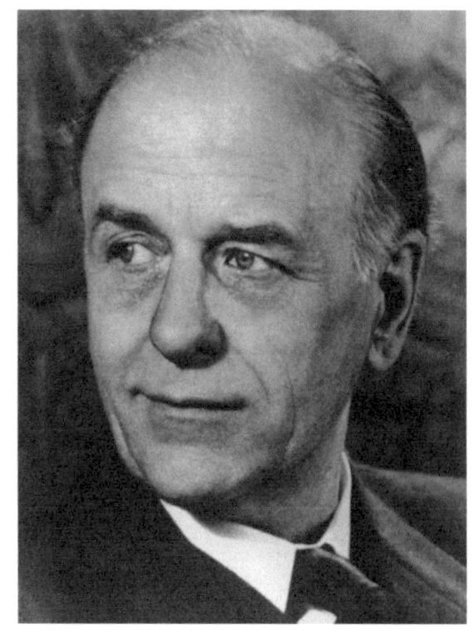

Chorleiter Ernst Hintze, bei dem Schreier Dirigieren studierte, 1960.

Der erfahrene Oratoriensänger Herbert Winkler baute die Stimme des jungen Sängers systematisch wieder auf, sodass sein stimmliches Volumen wuchs und die Solistentätigkeit bei Kirchenkonzerten zunahm. Durch seine Erfahrungen als Kruzianer konnte Schreier vor allem im Konzertfach gegenüber seinen Mitstudenten mit Souveränität, schneller Auffassungsgabe und Stilsicherheit punkten; lediglich bei der schauspielerischen Darstellung und Rollengestaltung hatte Schreier noch Defizite.

Da er im Studium insgesamt unterfordert war, studierte Schreier zusätzlich Dirigieren bei Ernst Hintze (1893–1965) und legte damit die Grundlagen für sein späteres Wirken als Dirigent.

Nach dem zweiten Studienjahr begann Schreier inoffiziell Gesangsstunden bei dem Dresdner Kammersänger Johannes Kempter (1918–1998) zu nehmen, was jedoch nicht unbemerkt blieb. Da es grundsätzlich untersagt war, neben der Musikhochschule Privatstunden bei einem anderen Lehrer zu nehmen, bat man Schreier, sein Studium frühzeitig nach dem dritten Studienjahr zu beenden: *„Ich hatte einen sehr engagierten Gesangslehrer an der Hochschule, Professor Herbert Winkler, der sich große Mühe mit mir gegeben hat. Aber ich kam über einen bestimmten Punkt, beispielsweise den Umgang mit dem Vokal i, nicht hinaus. Er bestand immer wieder auf diesen engen Formen des i, was mich jedoch nicht weiter brachte. Ich habe*

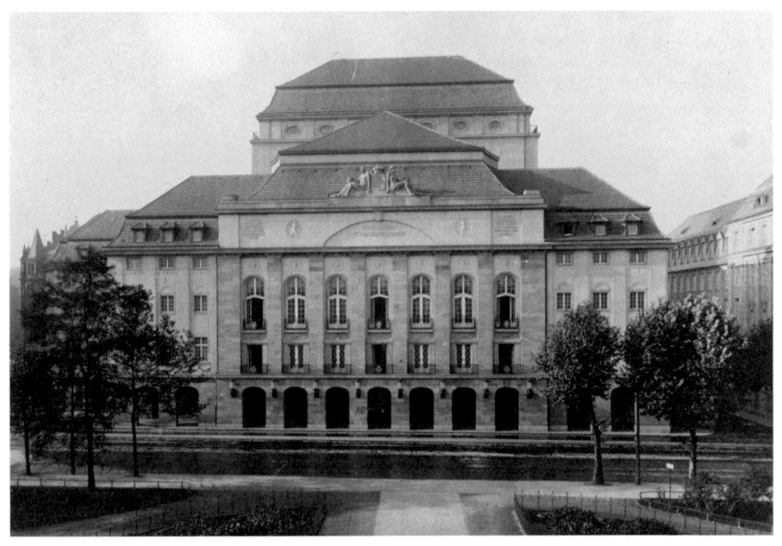

Das Schaspielhaus Dresden, auch „Großes Haus“ genannt, diente nach 1945 als Spielstätte der Oper. Hier sammelten Schreier und Adam erste Bühnenerfahrungen, um 1930.

heute noch eine gewisse Scheu vor dem i. Damals führte das dazu, dass ich heimlich zu einem anderen Lehrer ging, nämlich zu Johannes Kemter, einem Charaktertenor an der Semperoper. Bei ihm erreichte ich einen Punkt, von dem aus ich weitergehen konnte. Er gab mir nämlich den Mut, den Vokal aufzumachen. Von dem Moment an hatte ich stimmtechnisch einen leichteren Zugang zur Oper. Im Verständnis der Hochschule allerdings war mein ‚Fremdgehen' ein Fauxpas. Es kam raus, und ich wurde vor den Rektor geladen, Karl Laux, der mir sehr wohlgesonnen war. Er sagte: ‚Das geht natürlich nicht, aber wissen Sie was, Sie machen dieses Jahr Ihr Staatsexamen und gehen vorzeitig ab. Sie haben ja alle Fächer abgeschlossen.' So kam es, dass ich schon nach drei Jahren mein Staatsexamen machte."[28]

Das frühzeitige Beenden des Studiums tat seiner Karriere jedoch keinen Abbruch. Peter Schreier wurde sofort Mitglied im Nachwuchsstudio der Staatsoper Dresden und erhielt weitere gesangliche Impulse durch Kammersänger Rudolf Dietrich (1929–2004), der ebenfalls Lehrer von Theo Adam war.

Schreier besuchte während des Studiums zahlreiche Konzerte und Aufführungen als Zuschauer – zu den prägendsten Erlebnissen ge-

28 Zitiert nach: GewandhausMagazin Nr. 47, Juni 2005.

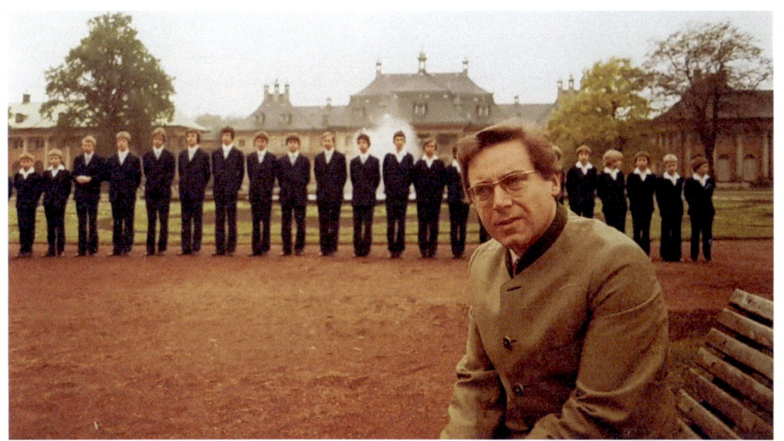

Peter Schreier mit dem Kreuzchor in Pillnitz, um 1970.

hörten für ihn die Abende mit der Dresdner Philharmonie und der Staatsoper, aber nach eigenen Aussagen auch Aufführungen der Landesbühnen Sachsen.[29]

Sein Debüt gab Schreier als Erster Gefangener in Beethovens Oper „Fidelio" in Dresden – eine kleine Rolle, die Präzision erforderte. Am 25. März 1960 stand er erstmalig mit Theo Adam im „Großen Haus", in dem interimsmäßig die Staatsoper untergebracht war, in einer Aufführung der „Zauberflöte" gemeinsam auf der Bühne – Theo Adam als Sprecher und Peter Schreier als Priester.

Im Alter von 25 Jahren sang Schreier erstmalig den Ferrando in „Cosi fan tutte" und zog damit überregionale Aufmerksamkeit auf sich; sogar ein Angebot aus New York soll gefolgt sein, das Schreier damals aber ablehnte. 1961 wurde Schreier ins Solistenensemble der Staatsoper Dresden übernommen.

Am 6. Juli 1957 heiratete Peter Schreier seine langjährige Freundin Renate Kupsch, die er in der Kreuzschule kennengelernt hatte. 1958 wurde ihr Sohn Torsten geboren und 1961 ihr Sohn Ralf. Renate Kupsch berichtete später gegenüber dem Biografen Jürgen Helfricht, dass sie eine einfache „*Studentenehe ohne große Reichtümer*" geführt hätten.[30] Die junge Familie lebte in der unteren Etage des Hauses von Familie Kupsch.[31]

29 Bei den Landesbühnen Sachsen gastierte Schreier später in den 1970er Jahren als Ferrando in „Cosi fan tutte".

30 Helfricht, Jürgen: Peter Schreier, Melodien eines Lebens, S. 46.

31 Ebd., S. 47.

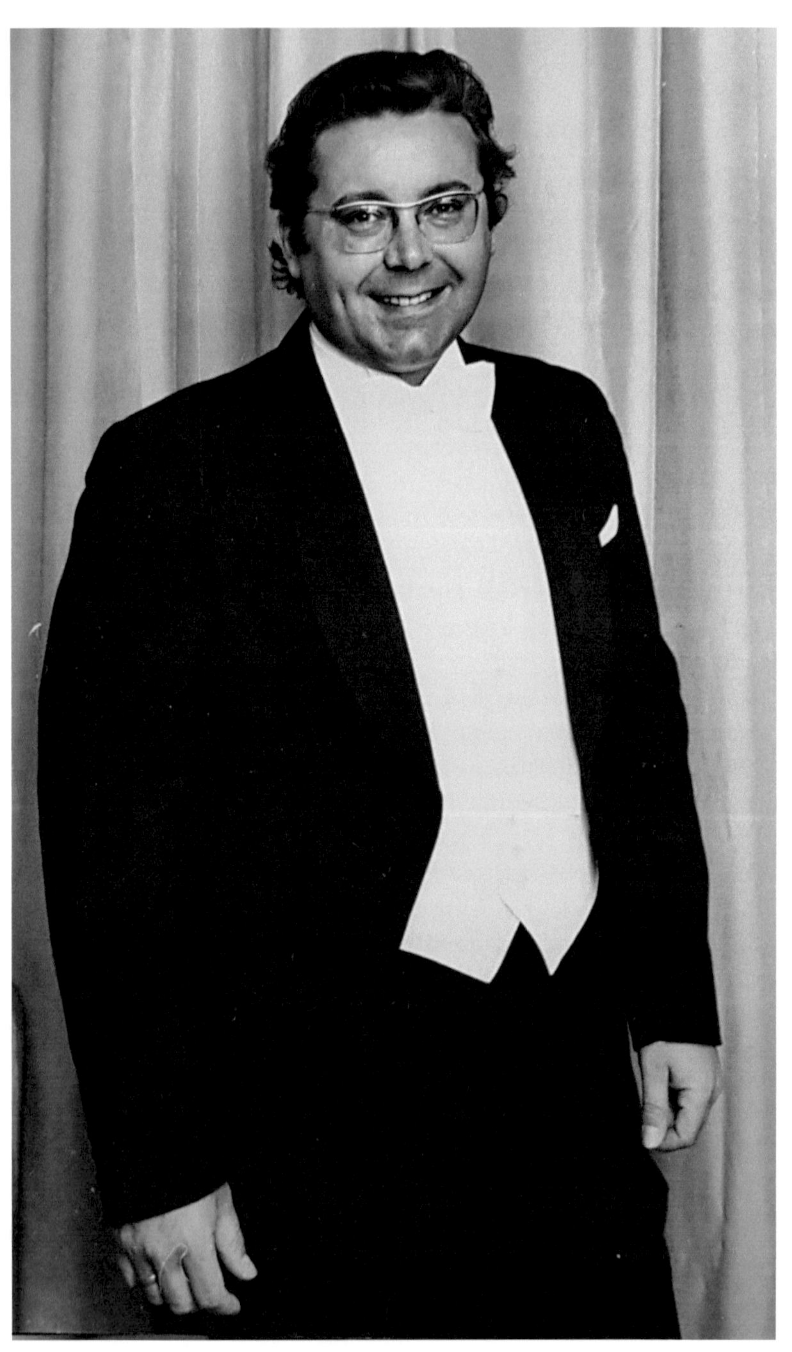

Peter Schreier vor einem Konzert.

Peter Schreier
Stationen einer Weltkarriere

1961 wurde in Berlin die Mauer errichtet, und zahlreiche Sänger der Deutschen Staatsoper (Staatsoper Unter den Linden) kamen nicht mehr zum Dienst nach Ost-Berlin. Für die so vakant gewordene Partie des Belmonte empfahl der schon langjährig in Berlin engagierte Theo Adam seinen jungen Kollegen aus Dresden, sodass Schreier am 1. März 1962 in der „Entführung aus dem Serail“ als Belmonte in Berlin debütierte – schon in der Pause soll er weitere Rollenangebote erhalten haben. Was die Einschätzung durch die anwesenden Mitarbeiter der Staatsoper betraf, fielen die Beurteilungen durchaus unterschiedlich aus: von *„annehmbar“* bis *„ausgezeichnet“* reichten die Bewertungen. Außerdem bemängelte man, dass Schreier *„etwas steif“* und *„dicklich“* wirke. Man lud ihn trotzdem zu weiteren Gastspielen ein.
Zwei Jahre später wechselte Peter Schreier 28-jährig ins Ensemble der Deutschen Staatsoper, der er 37 Jahre lang verbunden blieb. In insgesamt 28 Partien war er an dem Haus zu erleben. Dort zog er

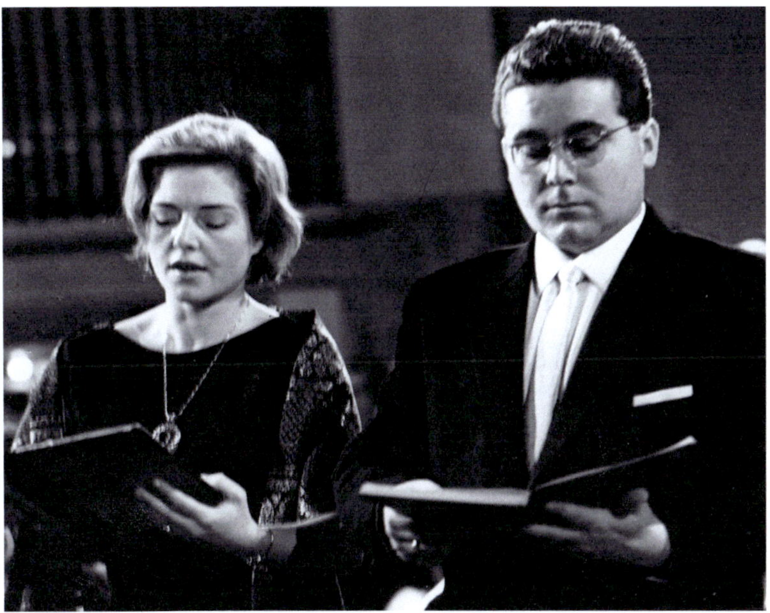

Gerda Schriever (1928–2014) und Peter Schreier zur Aufführung des Weihnachtsoratoriums 1965 in der Kreuzkirche.

Berlin, den 1. März 1962

Heutiger Gast: Peter Schreier aus: Dresden

Vorstellung: "Entführung" Partie: Belmonte

Urteil:

Gesang: gepflegte gute Stimme –

Darstellung: geschickt und unaufdringlich – etwas steif

Erscheinung: gut – etwas dicklich

Gesamturteil: ausgezeichnet — gut — annehmbar — mäßig — im Notfall — unmöglich
(Zutreffendes ist zu unterstreichen)

(26) Bg 020/58

[Unterschrift] (Unterschrift)

Berlin, den 1. März 1962

Heutiger Gast: Peter Schreier aus: Dresden

Vorstellung: "Entführung" Partie: Belmonte

Urteil:

Gesang: schöne, lyrische Stimme, ausgesprochener „Mozart"-Tenor, gutes Timbre, technisch gut durchgebildet – sehr entwicklungsfähig.

Darstellung:

Erscheinung:

Gesamturteil: ausgezeichnet — gut — annehmbar — mäßig — im Notfall — unmöglich
(Zutreffendes ist zu unterstreichen)

(26) Bg 020/58

[Unterschrift] (Unterschrift)

Unterschiedliche Beurteilungen seines ersten Gastspieles an der Deutschen Staatsoper Berlin, wo er als Belmonte in der „Entführung aus dem Serail" am 1. März 1962 eingesprungen war.

Berlin, den 1. März 1952

Heutiger Gast: Peter Schreier aus: Dresden

Vorstellung: "Entführung" Partie: Belmonte

Urteil:

Gesang: Zweifellos sehr entwicklungsfähig, sehr musikalisch.

Darstellung: Sollte von Zeit zu Zeit gastieren um seine Fortschritte unter Beweis zu stellen. Kommt für später durchaus in Frage, wenn er sich gut entwickelt.

Erscheinung: etwas vollschlank!

Gesamturteil: ausgezeichnet — gut — annehmbar — mäßig — im Notfall — unmöglich

(Zutreffendes ist zu unterstreichen)

Berlin, den 1. März 1952

Heutiger Gast: Peter Schreier aus: Dresden

Vorstellung: "Entführung" Partie: Belmonte

Urteil:

Gesang: Er besitzt eine schön timbrierte und gut geführte Stimme. Sein Gesang wirkt sehr ausgeglichen, wenn auch die Stimme noch nicht ganz "durchgesungen" ist. Seine stimmlichen und hohen musikalischen Anlage versprechen eine sehr hoffnungsvolle Entwicklung.

Darstellung: Er war intensiv, wenn auch noch etwas steif. Auch hier scheinen alle Voraussetzungen für einen intelligenten Darsteller gegeben. Auch in den Dialogszenen machte er einen sehr überzeugenden Eindru

Erscheinung: Mittelgroß, etwas füllig, wirkt zur Zeit noch recht jungenhaft.

Gesamturteil: ausgezeichnet — sehr gut — annehmbar — mäßig — im Notfall — unmöglich

(Zutreffendes ist zu unterstreichen)

Günter Märker

(Unterschrift)

(26) Bg 020/58

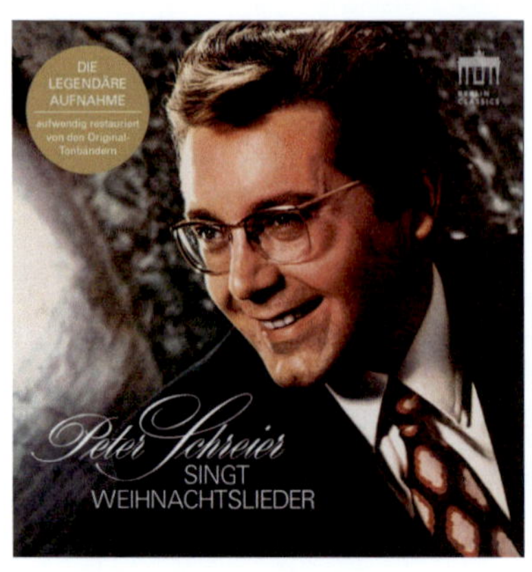

„Peter Schreier singt Weihnachtslieder" – eine der erfolgreichsten Schallplatten der DDR.

internationale Aufmerksamkeit auf sich, wobei er lange Zeit als Mozart-Sänger galt. Wolfgang Sawallisch (1923–2013) überredete ihn später dazu, auch Wagner-Partien zu singen, mit denen Schreier enorme Erfolge feierte.[32] Sein Debüt in Bayreuth gab Schreier 1966 als Junger Seemann in „Tristan und Isolde". In diesem Jahr verstarb überraschend der Tenor Fritz Wunderlich (1930–1966) und Peter Schreier sprang für ihn bei verschiedenen Produktionen ein, u. a. bei den Salzburger Festspielen, wo er von nun an 25 Jahre lang jeden Sommer gastierte. Es folgten Engagements u. a. an der New Yorker Met (1968), der Mailänder Scala (1968) und dem Teatro Colón in Buenos Aires. Besonders als Mozart-Sänger war Schreier weiterhin international gefragt, aber auch die Interpretationen der Evangelistenpartien in den Passionen und Oratorien Johann Sebastian Bachs verschafften ihm weltweiten Ruhm.

Seine Vielseitigkeit spiegelt sich auch im Operettenfach wider, wo er beispielsweise den Eisenstein in Johann Strauss` „Fledermaus" sang. Er arbeitete mit allen großen Dirigenten und Sängern seiner Zeit zusammen, u. a. Herbert von Karajan, Karl Böhm, Helen Donath, Dietrich Fischer-Dieskau, Plácido Domingo, Christa Ludwig usw. Zahlreiche Schallplatten- und Rundfunkaufnahmen dokumentieren sein umfangreiches Schaffen. Seine Aufnahme „Peter Schreier singt Weihnachtslieder" ist mit rund 1,4 Millionen verkauften Exemplaren der mit Abstand meistverkaufte Tonträger in der Geschichte der DDR. Überhaupt soll Peter Schreier der Solokünstler der DDR gewesen sein, mit dem die meisten Schallplattenaufnahmen herausgebracht wurden.[33]

1981 erhielt er eine Honorarprofessor an der Dresdner Musikhochschule und gab zahlreiche Meisterklassen für Gesangsstudenten. Die Förderung des musikalischen Nachwuchses lag ihm besonders am Herzen, wobei er nie direkten Gesangsunterricht gegeben hat, son-

32 Zitiert nach: Adam, Theo: Ein Sängerleben in Begegnungen und Verwandlungen, Berlin 1996, S. 125.
33 Winter, Rüdiger: Wer war denn noch Peter Schreier?, in: Opera Lounge, 30.12.2019. www.operalounge.de (1. 2. 2021).

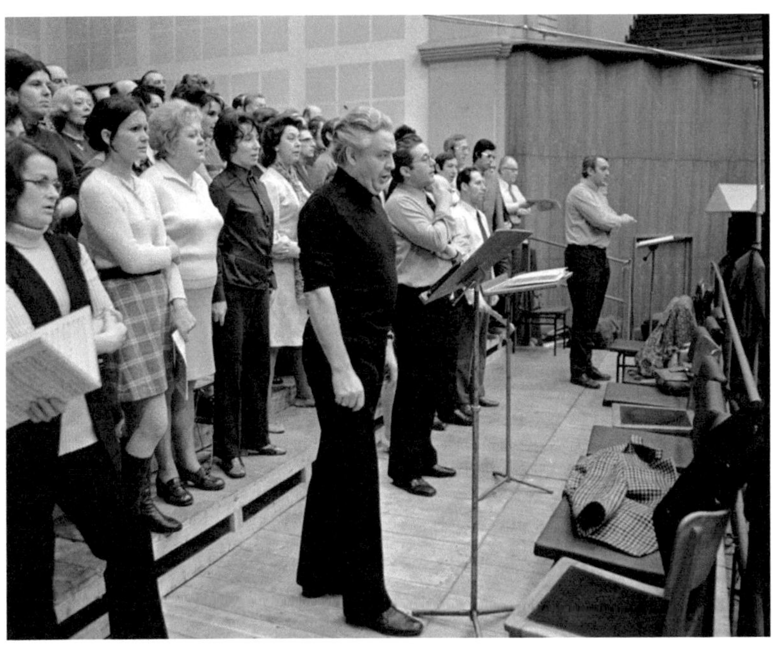

Theo Adam (Mitte) und Peter Schreier (rechts daneben) zur Aufnahme des „Freischütz“ unter Carlos Kleiber in der Lukaskirche.

dern in Interpretationskursen sein Wissen weitergab: „*Ich bekam eine Honorarprofessur ohne die geringste Verpflichtung, irgendwo zu unterrichten. Ich wusste lange Zeit nicht einmal, dass sie an der Hochschule für Musik in Dresden besteht. Typisch für die DDR war ja, man bekam alle möglichen Orden, und wenn die allesamt durch waren, dann wurde einem noch eine Professur verliehen. Lediglich als Titel. Ich habe später in Dresden genauso wie in Berlin oder in Weimar Interpretationskurse gegeben, aber das hatte nichts mit der Professur zu tun. Ich könnte gar nicht Gesangsunterricht geben. Dafür fehlt mir allein schon die Geduld. Ein guter Sänger muss nicht gleichzeitig auch ein guter Lehrer sein.*“[34]
Peter Schreier erhielt zahlreiche Auszeichnungen, u. a. den *Nationalpreis der DDR* (1967), den *Robert-Schumann-Preis* der Stadt Zwickau (1969), den *Händelpreis des Bezirkes Halle* (1972), den *Vaterländischer Verdienstorden in Gold* (1984), den *Ernst von Siemens Musikpreis* (1988), den *Léonie-Sonning-Musikpreis* (1988), den *Großen Stern der Völkerfreundschaft* (1989), den *Georg-Philipp-Telemann-Preis der Landeshauptstadt Magdeburg* (1994), den *Preis der Europäi-*

34 Zitiert nach: GewandhausMagazin Nr. 47, Juni 2005.

schen Kirchenmusik (2000), den *Bachpreis der Royal Academy of Music* (2009), den *Internationalen Mendelssohn-Preis zu Leipzig* (2011), die *Hugo-Wolf-Medaille* (2011) und die *Bach-Medaille* (2013). 2016 erhielt er den *Kunstpreis der Stadt Dresden*.

Der *Große Stern der Völkerfreundschaft* wurde in der DDR nur äußerst selten verliehen, wobei 1989 auch Theo Adam damit ausgezeichnet wurde, was verdeutlicht, welch` hohen Stellenwert diese Sänger in der DDR hatten. Adam gab die Auszeichnung allerdings nach der Verleihung wieder zurück.

Insgesamt hat Peter Schreier über 60 Opernpartien gesungen, zu denen auch mehrere Uraufführungen gehörten. 1974 spielte er beispielsweise bei der Uraufführung von Paul Dessaus „Einstein" den Ersten Physiker unter der Regie von Ruth Berghaus (1927–1996). Neben ihm sang Theo Adam die Titelrolle. Herausgehoben wird ebenfalls seine Mitwirkung in der Oper „Palestrina" von Hans Pfitzner 1983 an der Berliner Staatsoper.[35] Viele Produktionen wurden auf Schallplatte festgehalten. Schreiers lyrischer Tenor verlieh Partien wie Belmonte, Ottavio, Ferrando und Tamino den perfekten Schmelz. Außerdem war er begehrt als Flamand in „Capriccio" von Strauss, als David in Wagners „Meistersingern" oder Loge im „Rheingold".

Schreier selbst war überrascht, welchen Erfolg er als Loge feierte: *„Herbert von Karajan sagte mir nach einer Matthäus-Passion, ich müsse den Loge singen. Als ich`s dann in Salzburg tat, hat das Publikum getobt. Und ich habe mir gedacht: Was habe ich all die Jahre mit Mozart nur falsch gemacht, dass ich da nie einen solchen Applaus bekam? Aber Wagner ist eben spektakulärer. Ein listiger Loge war ich dann noch in Wien, Berlin, München und Hamburg.*"[36] Den Loge sang Schreier ebenfalls bei der Verfilmung des „Rheingold" unter Karajan.

Mit dem Tamino an der Berliner Staatsoper beendete Schreier im Juni 2000 seine Opernkarriere: *„Ich nehme ohne Wehmut Abschied. Im Gegenteil, ich habe jetzt endlich mehr Zeit für die Dinge, die mich immer viel mehr interessiert haben: Liederabende und Konzerte. Ich habe keine bedingungslose Beziehung zur Oper, war nie ein richtiges Theaterpferd. Ich bin nicht mit dem Theater, sondern mit dem Dresdner Kreuzchor aufgewachsen.*"[37]

Eine besondere künstlerische Zusammenarbeit verband Schreier mit dem Pianisten Swjatoslaw Richter (1915–1997), mit dem er das erste

35 Winter, Rüdiger: Wer war denn noch Peter Schreier?, in: Opera Lounge, 30.12.2019. www.operalounge.de, Stand: 1. Februar 2021.

36 Zitiert nach: „Ich singe nicht mal unter der Dusche", Interview mit Bernd Klempnow, in: Sächsische Zeitung, 29. Juli 2015.

37 Zitiert nach: Dresdner Morgenpost, 27. März 1996.

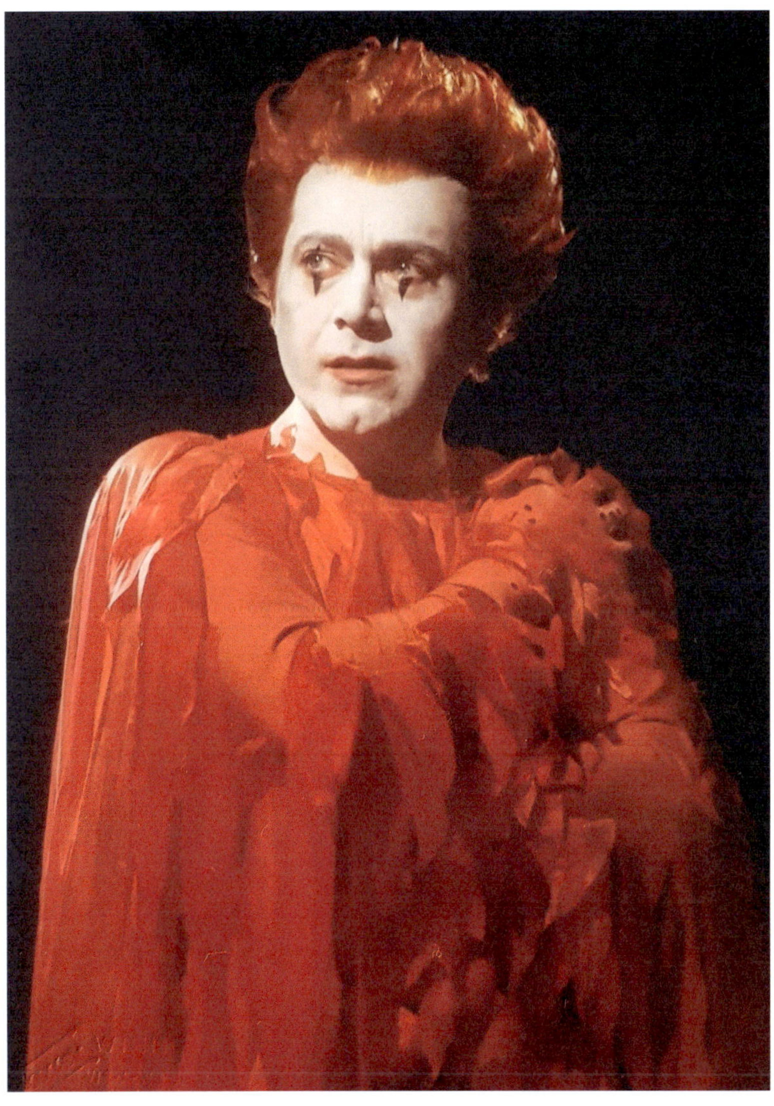

Peter Schreier im Kostüm als Loge - eine Rolle, die er 1973 an der Staatsoper Berlin, zu den Osterfestspielen in Salzburg und in einer Verfilmung verkörperte.

Konzert in der wiedereröffneten Semperoper am 15. Februar 1985 gab – es war Schuberts „Winterreise". Der Liederzyklus wurde in dieser Konstellation dann noch in Moskau und Prag aufgeführt und als historisch bedeutsamer Live-Mitschnitt veröffentlicht. Am 22. Dezember 2005 war Schreier letztmalig als Sänger in Prag zu erleben.

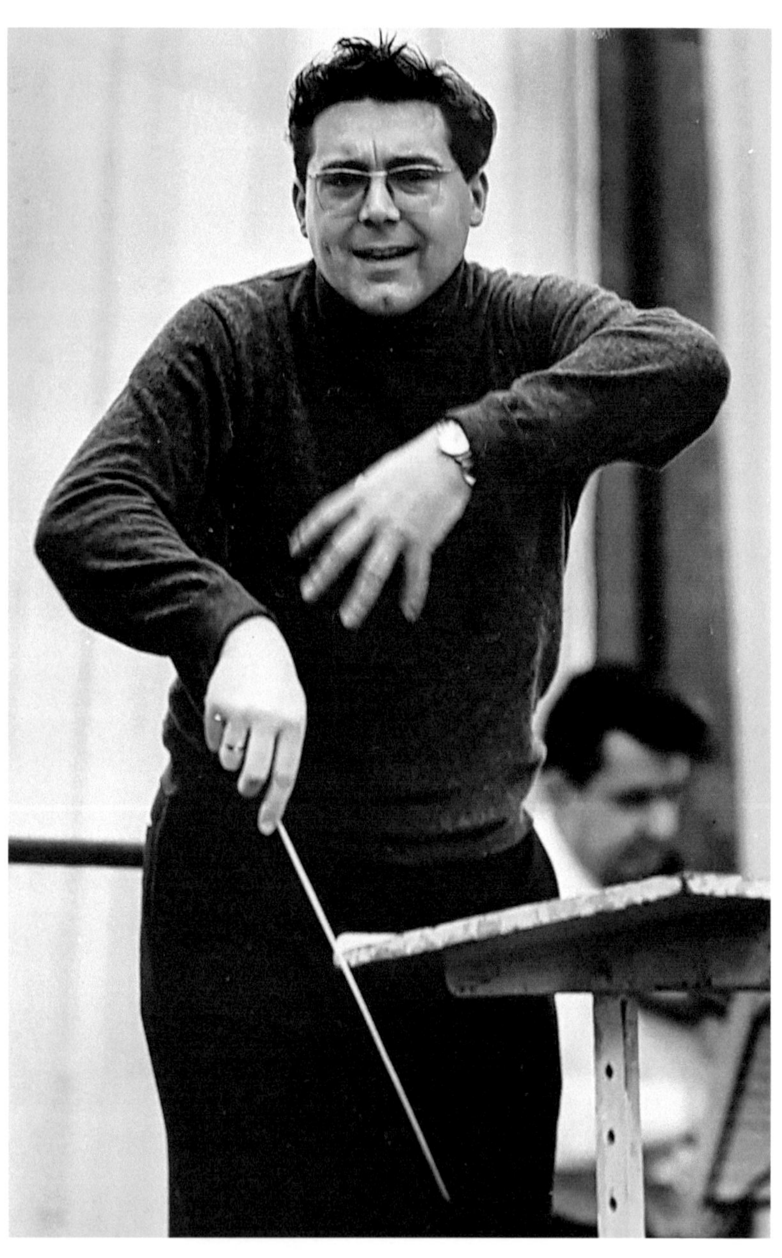

Peter Schreier als Dirigent mit Dirigierstab.

Peter Schreier als Dirigent

Nach ersten Erfahrungen im Kreuzchor und dem Zusatzstudium Dirigieren an der Dresdner Musikhochschule begann Schreier bereits in den 1970er Jahren öffentlich zu dirigieren. Den Anfang seiner Dirigiertätigkeit hatte er eigentlich einem Zufall zu verdanken, da er in einem Sänger-Almanach als Hobby „Dirigieren" angegeben hatte. Danach wurde er von Mitgliedern der Staatskapelle Berlin angesprochen und übernahm spontan ein Konzert.[38]

Auch beim Dirigieren kamen ihm die Erfahrungen aus dem Kreuzchor zugute: „*Das Dirigieren war für mich nie eine Machtfrage. Und das liegt vielleicht auch wieder in den Wurzeln meiner Erziehung im Kreuzchor. Dass man immer versucht, in einer Gemeinschaft was zu erreichen.*"[39]

Eine seiner ersten Aufgaben waren die „Brandenburgischen Konzerte" von Johann Sebastian Bach mit dem Intendanten Hans Pischner

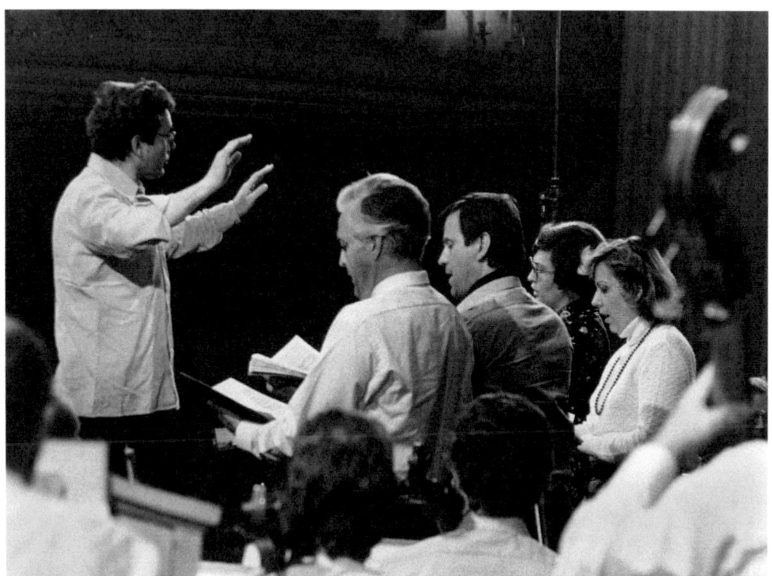

Peter Schreier während einer Probe mit u. a. Theo Adam.

38 Dresdner Morgenpost, 27. März 1996.

39 Zitiert nach: Ein Weltstar aus Meißen, in: Musik in Dresden, https://www.musik-indresden.de/2019/12/26/peter-schreier/ (21.12.2020).

(1914–2016) am Cembalo. Es folgte die musikalische Leitung des „Idomeneo“ an der Deutschen Staatsoper mit Ruth Berghaus als Regisseurin. Kurz zuvor hatte Schreier mit ihr als Sänger gearbeitet, sodass der Übergang zwischen beiden Professionen fließend war. Durch sein außergewöhnliches musikalisches Empfinden arbeitete er sehr genau und hatte eine klare Vorstellung von der Musik.
Hartmut Haenchen, ebenfalls Kruzianer, urteilte über Schreier: „*Er war ein sehr guter Dirigent, der genau wusste, was er sich zutrauen konnte. Chorsinfonik und Kammerorchestermusik waren seien Spezialität. Wie Sie vielleicht wissen, verließ ich die DDR 1986. Lange Zeit war nicht klar, ob man mir die Wiedereinreise erlauben würde. Wäre die Rückkehr von den Behörden verhindert worden, hätte Peter Schreier die Leitung meines Berliner Kammerorchesters übernommen. So hatten wir es verabredet. Er hat das Orchester oft geleitet, war eine Art offizieller Erster Gastdirigent. Das war schon etwas, denn die Musiker waren anspruchsvoll. Andere Dirigenten haben sie auch schon mal nach Hause geschickt. Peter durfte immer wiederkommen.*“[40]
Unterstützung erhielt Peter Schreier von Herbert von Karajan (1908–1989), der ihn zeitweise privat unterrichte, wertvolle Hinweise gab und auch für ein Konzert mit den Berliner Philharmonikern empfahl.[41]
Als Dirigent leitete Schreier außerdem u. a. die Hamburger Symphoniker, die Staatskapelle Dresden, die Wiener Symphoniker, das Mozarteum-Orchester Salzburg, das Gürzenich-Orchester, das Philharmonische Staatsorchester Hamburg und das Los Angeles Philharmonic Orchestra. In den 1980er Jahren war er als Kreuzkantor und Nachfolger von Martin Flämig (1913–1998) im Gespräch, doch er lehnte diese Position ab: „*Ich war zu der Zeit schon in einem wesentlich professionelleren Umfeld und weiß gar nicht, ob ich mit dieser Aufgabe zurechtgekommen wäre. Ich hätte wahrscheinlich von den Jungen künstlerisch sehr viel verlangt. Heute jedoch glaube ich, dass an erster Stelle die pädagogische Arbeit mit dem Chor stehen muss. Sie ist für das Klima und auch für die Entwicklung der Jungen sehr wichtig. Ich habe immer den Vergleich mit dem Windsbacher Knabenchor vor Augen. Dort werden die Jungen von ihrem Chorleiter, Karl-Friedrich Beringer, unheimlich gestriezt. Ich habe bei ihm mehrmals die Matthäus-Passion gesungen. Da wurde mir himmelangst um die Jungen, als ich erlebte, wie er die herangenommen hat. Auf der ande-*

40 Zitiert nach: Zum Tode von Peter Schreier. Hartmut Haenchen spricht mit Guido Glaner, in: Dresdner Morgenpost, 8. Januar 2020.

41 Helfricht, Jürgen: Peter Schreier, Melodien eines Lebens, S. 96.

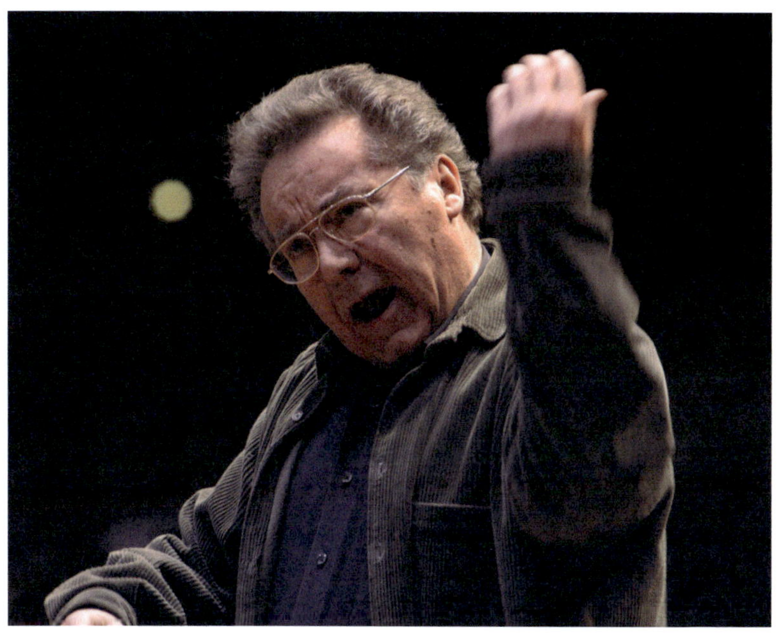

Peter Schreier als Dirigent der Dresdner Philharmonie im Kulturpalast, 2002.

ren Seite musste ich feststellen, dass man aus einem Knabenchor viel mehr herausholen kann, als wir es in Dresden gewohnt waren. Da bin ich mir nicht sicher, ob ich die Gratwanderung zwischen pädagogischer und künstlerischer Arbeit überhaupt gepackt hätte. Konkret war die Situation damals so: Martin Flämig war 1971 Kreuzkantor geworden, und es herrschte einige Unzufriedenheit mit ihm. Der unverheiratete Mauersberger hatte sich total für den Chor engagiert. Für ihn gab es nur den Kreuzchor und sein Amt als Kreuzkantor. Flämig dagegen war ein Lebemann. Er wohnte in der Schweiz und tauchte nur an den Wochenenden in Dresden auf. Die ganze Probenarbeit machte sein Assistent Ulrich Schicha. Das war den staatlichen Stellen nicht sehr sympathisch, und so kam es zur Debatte, ob ich das Amt übernehmen könnte. Ich habe bei Flämig an der Hochschule Chorleitung studiert und sehr viel gelernt. Als er dann aber Kreuzkantor wurde und ich das erste Mal bei ihm sang, da war ich enttäuscht. Ich fand dort nicht das wieder, was ich bei ihm gelernt hatte. Das war für mich ein kleiner Schock. Aus Sorge um den Chor ließ ich mich auf die Gespräche mit Stellen in Dresden und sogar Berlin ein. Aber als ich schließlich sagte, das könne nur vorübergehend sein, denn ich möchte meine Sängerkar-

riere nicht aufgeben, fand die Debatte zumindest für mich ein Ende.“[42]
1980 dirigierte Peter Schreier an der Staatsoper Berlin die Oper „Capriccio“ von Richard Strauss, die von Theo Adam inszeniert wurde. Die ohnehin intensive Zusammenarbeit der beiden Sänger fand hier einen ungewöhnlichen Höhepunkt.
Schreier dirgierte größtenteils ohne Taktstock und bevorzugte Kammerorchester, die auf seinen Gestaltungswillen eingingen: „*Einmal, als ich an der Wiener Oper dirigieren sollte, habe ich Hummeln bekommen. Die Orchestermitglieder kennen die Noten ja viel besser als du – dachte ich mir. Auch eine Bruckner-Sinfonie würde ich nicht machen. Ich konzentriere mich auf Stücke, die ich kenne. Am liebsten dirigiere ich, was ich selbst singe*“, äußerte Schreier gegenüber Biograf Jürgen Helfricht.[43]
Das Ungewöhnlichste an Schreiers Dirigiertätigkeit war allerdings die Tatsache, dass er bei Bachs Passionen zugleich den Evangelisten sang und das komplette Werk dirigierte: „*Ich benutze den Evangelisten, um die Handlung im großen Bogen zu gestalten. Hier, glaube ich, ist die Verbindung von Dirigieren und Singen angebracht, weil der Evangelist tatsächlich der Spiritus Rector der Passion ist. Er gibt das Tempo vor, die Dynamik, die Deklamation – und beeinflusst damit die gesamte Aufführung, nicht zuletzt durch die Übergänge zu den Chören und Arien. Ich habe mich immer furchtbar echauffiert über einige Dirigenten, die stets, wenn ein großer Chor vorbei war, ihr Taschentuch herausholten, sich erst einmal den Schweiß von der Stirn wischten und dann gemütlich zur nächsten ‚Nummer‘ den Taktstock hoben. Da ist die ganze Spannung weg. Dort habe ich in meiner Doppelfunktion angesetzt: Dass man von Bach gewollte dramatische Effekte auskostet und die Abfolge so fließen lässt, dass sowohl die Mitwirkenden als auch die Hörer ihre Aufmerksamkeit gar nicht aussetzen können, sondern immer gezwungen sind, auf dem Sprung zu bleiben. Die Matthäus-Passion ist gar nicht so episch, wie sie oftmals hingestellt wird, sondern sie hat eine ungeheuere Dramatik und ist im Ganzen der Ausdruck der Möglichkeiten, die Bach als Opernkomponist gern gehabt hätte.*“[44]
Da Schreier so konkrete Vorstellungen von Bachs Passionen hatte, fiel es ihm später immer schwerer, diese Werke unter anderen Dirigenten zu singen, wobei er genauso zweifelte, ob er einen anderen Sänger in der Rolle des Evangelisten würde führen wollen: „*Ich kann mir gar nicht vorstellen, jetzt nur noch zu dirigieren, während ein anderer den Evangelisten singt. Da würde ich einen Sänger brauchen, der das nach mei-*

42 Zitiert nach: GewandhausMagazin Nr. 47, Juni 2005.
43 Helfricht, Jürgen: Peter Schreier, Melodien eines Lebens, S. 99.
44 Zitiert nach: GewandhausMagazin Nr. 47, Juni 2005.

nen Vorstellungen macht. Es ist ja seit etlichen Jahren für mich die Crux: Ich kann nicht mehr den Evangelisten singen mit einem anderen Dirigenten. Denn ich bin so auf meine Vorstellungen fixiert, dass ich geradezu herausgebracht werde, wenn jemand das anders macht. Ich habe mich deswegen in den letzten Jahren mit manchem Dirigenten nicht mehr verstanden. Umgedreht wäre es genauso schwer, wenn ich dirigieren würde und ein Sänger nicht so den Evangelisten sänge, wie ich es mir vorstelle.“[45]

Auch das Weihachtsoratorium hat Schreier selbst dirigiert und gesungen, wobei seine erste Aufführung dieser Art eher dem Zufall entsprang: „*Das ist, glaube ich, überhaupt einmalig, und übrigens gar nicht so sehr auf meinem Mist gewachsen: Ich sollte das Werk eigentlich nur dirigieren. Bei den Proben meinte die Aufnahmeleitung dann: Herr Schreier, Sie bereiten ja alles vor, indem sie es vorsingen. Wäre es nicht eigentlich gut, Sie würden auch den Evangelisten singen? So ist das zustande gekommen! Dann habe ich das in der ganzen Welt so gemacht: in Australien, in Neuseeland, auch in Amerika. Die Amerikaner hören doch auch mit dem Auge; wenn da ein Evangelist in der Mitte steht und singt, ist das für sie eine neue und interessante Weise zu musizieren. Der Evangelist wird sozusagen zum ‚Spiritus Rector‘.* [...] *Die Doppelbelastung ist gar nicht so groß. Man denkt die Musik ja gewissermaßen voraus; die Konzentration ist erhöht, und das macht es einem auch leichter, die Tempovorstellungen auf Chor und Orchester zu übertragen. Es war ganz klar: wenn ich als Evangelist ein Tempo vorgegeben habe, hat das Orchester es ganz mühelos aufgenommen.*“[46] In dieser Doppelfunktion als Sänger und Dirigent kulminiert Schreiers Einmaligkeit und besondere Musikalität.

Dass Peter Schreier mit seinem dirigentischen Können auch anderen jungen Dirigenten half, belegt eine Anekdote von Daniel Barenboim: Er sprang 1969 für den Dirigenten Otto Klemperer beim Philharmonia Orchestra in der Festival Hall London ein, um das Mozart-Requiem zu dirigieren. Barenboim war zu diesem Zeitpunkt erst 27 Jahre alt und hatte nie zuvor einen Chor geleitet. Schreier rettete als Solist mittels Blickkontakt einen kompliziert scheinenden Einsatz und half damit dem noch unerfahrenen Barenboim.[47]

45 Zitiert nach: GewandhausMagazin Nr. 47, Juni 2005.

46 Morgenstern, Martin: Peter Schreier: Die heutigen Kruzianer singen zu brav, in: DPA, Dezember 2015.

47 Solokowski, Andre: Kurzportrait Peter Schreier, in: Kultur Extra. Das Online-Magazin, 14. September 2015. www.kultura-extra.de/musik/spezial/kurzportrait_peterschreier80.php. (1. 2. 2021); Vgl. auch: Herrmann, Matthias (Hrsg.): Begegnungen mit Peter Schreier, Beucha 2020, S. 35.

DIE MITGLIEDER
DER AKADEMIE DER KÜNSTE
DER DEUTSCHEN DEMOKRATISCHEN REPUBLIK
HABEN
KAMMERSÄNGER

Peter Schreier

FÜR SEINE HERVORRAGENDEN KÜNSTLERISCHEN LEISTUNGEN
UND FÜR SEINE MITWIRKUNG AN DER ENTWICKLUNG
DER SOZIALISTISCHEN NATIONALKULTUR
DER DEUTSCHEN DEMOKRATISCHEN REPUBLIK ZUM

ORDENTLICHEN MITGLIED

DER AKADEMIE DER KÜNSTE
DER DEUTSCHEN DEMOKRATISCHEN REPUBLIK GEWÄHLT

NACHDEM DIE WAHL IHRE BESTÄTIGUNG
DURCH DEN VORSITZENDEN DES MINISTERRATES
DER DEUTSCHEN DEMOKRATISCHEN REPUBLIK ERFAHREN HAT,
WURDE DIESES DOKUMENT AUSGEFERTIGT

BERLIN, IM MAI 1978

DER PRÄSIDENT

Urkunde zur Aufnahme Peter Schreiers in die Akademie der Künste, 1978.

Adam und Schreier
Umgang mit Politik und Staat

In der DDR waren Kultur und Politik eng miteinander verwoben, da man die Kunst zur Vermittlung und Umsetzung der sozialistischen Ideologie benutzen wollte. Vor allem die klassische Musik diente dabei als Aushängeschild der DDR, die sich auf diesem Sektor – ähnlich wie beim Sport – etablieren wollte und konnte. Dem konnten sich auch Peter Schreier und Theo Adam nicht gänzlich entziehen, doch sie waren in diesem System in jeder Hinsicht Ausnahmekünstler – aufgrund ihrer Begabung, Professionalität, Popularität und stimmlichen Einzigartigkeit gastierten sie z. B. regelmäßig im damals „kapitalistischen Ausland", besaßen einen dauerhaften Reisepass und verdienten dort entsprechende Gagen.

Führende DDR-Funktionäre hatten schnell erkannt, dass mit diesen Sängern nicht nur Ruhm und Ehre, sondern vor allem auch Devisen zu verdienen waren, denn Schreier und Adam mussten – wie alle Künstler der DDR – von ihrem Honorar im Ausland einen Teil (zwischen 20 und 40 Prozent) an den Staat abführen und 1:1 in DDR-Mark

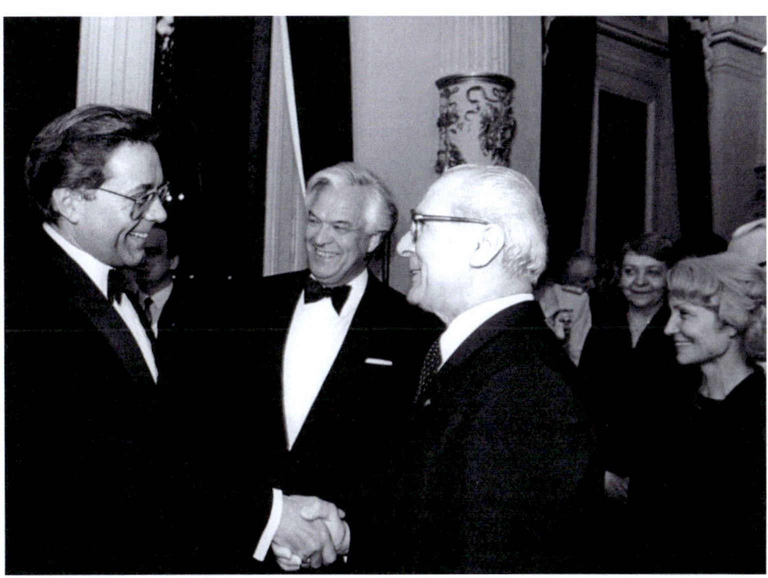

Peter Schreier, Theo Adam, Erich und Margot Honecker zur Eröffnung der Dresdner Semperoper im Foyer am 15. Februar 1985 (zum Liederbabend).

DER PRÄSIDENT
DER DEUTSCHEN DEMOKRATISCHEN REPUBLIK
VERLEIHT

KAMMERSÄNGER THEO ADAM

FÜR SEINE HERVORRAGENDEN KÜNSTLERISCHEN LEISTUNGEN
ALS SÄNGER DER DEUTSCHEN STAATSOPER BERLIN
INSBESONDERE IN DEN ROLLEN
DES KÖNIG HEINRICH IN «LOHENGRIN»
UND DES FIGARO IN «DIE HOCHZEIT DES FIGARO»

DEN DEUTSCHEN NATIONALPREIS 1959
III. KLASSE
FÜR KUNST UND LITERATUR

IN ANERKENNUNG
SEINER HERVORRAGENDEN MITWIRKUNG
AN DER ENTWICKLUNG
DER DEUTSCHEN KULTUR

BERLIN, DEN 7. OKTOBER 1959

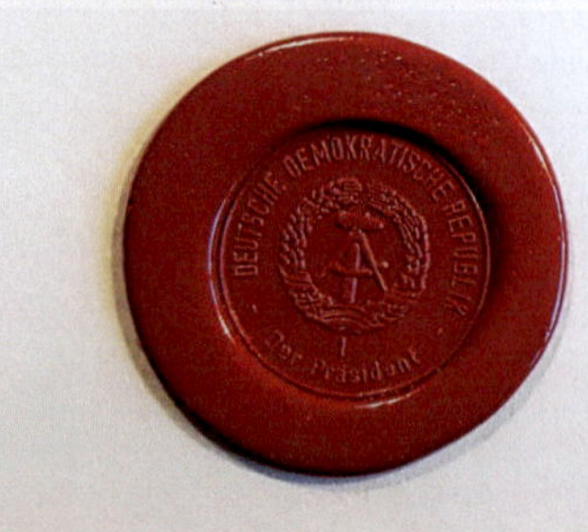

W. Pieck

Verleihungsurkundes des Nationalpreises III. Klasse der DDR an Theo Adam mit der Unterschrift von Wilhelm Pieck, 1959.

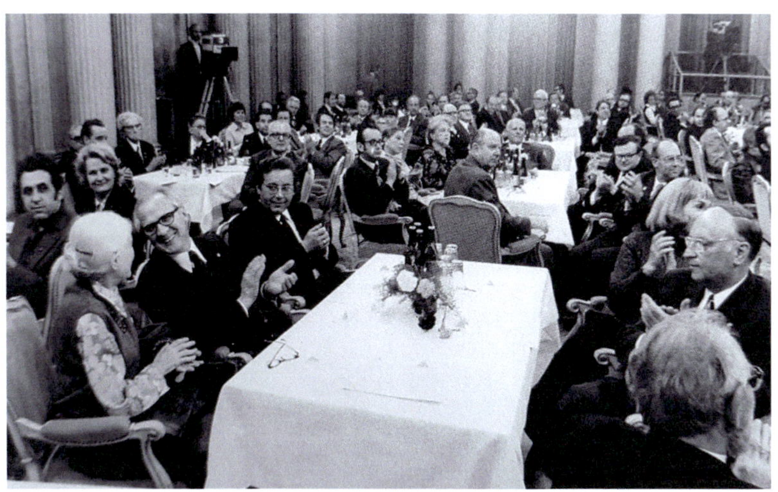

Peter Schreier sitzt anlässlich des 25. Jahrestages der DDR neben Erich Honecker, 1974.

umtauschen. Außerdem verkauften sich die Schallplatten, die in der DDR preiswert produziert wurden, mit international bekannten Sängern besser, wodurch die Marken „Schreier und Adam" als Wirtschaftsfaktoren erkannt wurden. Die DDR-Schallplattenfirma VEB Deutsche Schallplatten mit ihrem Label Eterna für Klassische Musik arbeitete ab den 1950er Jahren eng mit dem westdeutschen Label Deutsche Grammophon zusammen, sodass zahlreiche, gewinnbringende Kooperationen und Aufnahmen entstanden. Hervorzuheben ist die Aufnahme „Die Meistersinger von Nürnberg" unter Herbert von Karajan mit der Dresdner Staatskapelle, an der auch Theo Adam und Peter Schreier mitwirkten.

Einen wichtigen Einschnitt für alle Künstler der DDR bedeutete der Bau der Mauer 1961. Peter Schreier betonte in Interviews immer wieder, dass diese Tatsache seine Karriere eher befördert hätte, da er nun von der Dresdner Oper an die Berliner Staatsoper wechseln konnte.[48] Doch dadurch war allen Sängern das Gastieren im Ausland unmöglich geworden. Hier bezog Theo Adam deutlich Stellung, indem er der Politik verdeutlichte, dass er ohne Gastspiele in Bayreuth und an anderen Orten seine Karriere als Sänger beenden müsse.[49] Deshalb wurde den Musikern der E-Musik das Gastieren im gewissem Maße ab 1963/64 wieder ermöglicht.

48 Interview mit Peter Schreier, in: Klassik und Kalter Krieg, Film von Thomas Zintl, 2009.
49 Ebd.

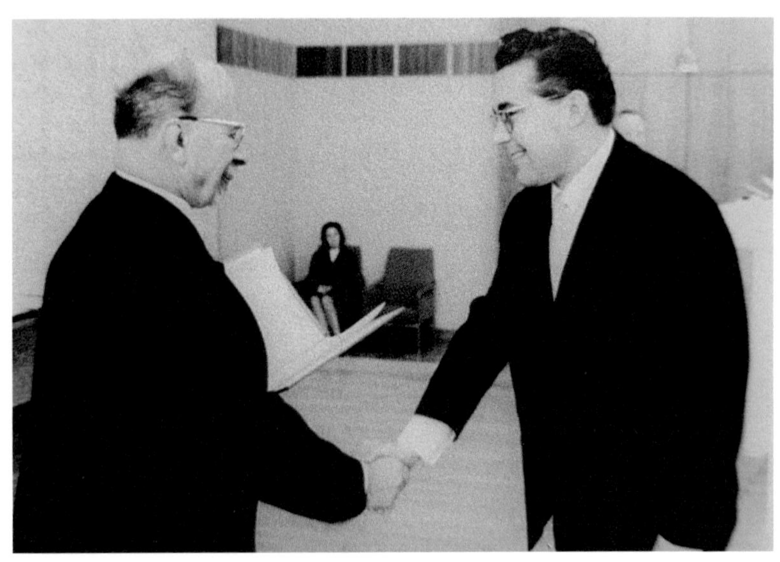

Walther Ulbricht zeichnet Peter Schreier mit dem Nationalpreis aus, 1967.

Im Gegensatz zu den Sportlern genossen die Künstler dabei mehr Freiheiten und konnten beispielsweise auch allein reisen und teilweise Einfluss auf die Gastpielplanung nehmen. Viele Kontakte kamen durch das gemeinsame Arbeiten und Musizieren zustande und konnten durch die Künstler-Agentur nur bedingt organisiert werden.
Die sogenannte „Künstler-Agentur" übernahm in der DDR die Organisation, Koordination und Vermittlung der Künstler im Ausland. Eine Künstlermappe zur Vermarktung Schreiers befindet sich noch heute im Familienbesitz. Peter Schreier bezeichnete sich selbst aber als *„unpolitischen Menschen"*, und wurde – nach eigener Aussage – nie von der Staatssicherheit als IM angefragt.[50] Trotzdem wurden Adam und Schreier als Künstler natürlich überwacht.
Dass die Beziehungen zur Politik nicht immer spannungsfrei waren und manches auch hätte anders verlaufen können, zeigt das frühe Beispiel von Schreiers Bruder: Bernhard Schreier, Trompeter und Mitglied der Dresdner Staatskapelle, kehrte im Oktober 1964 von einer Gastspielreise nicht aus der BRD zurück. Was für andere, weniger bekannte Sänger das Karriere-Aus bedeutet hätte, konnte Peter Schreier allerdings nichts anhaben – man bat ihn, seinen Bruder zurückzuholen, doch Bernhard Schreier blieb in Westdeutschland. Der Vorfall blieb für Schreier ohne Folgen. Stattdessen bezog man Adam und Schreier stärker

50 Interview mit Peter Schreier, in: Klassik und Kalter Krieg, Film von Thomas Zintl, 2009.

in politische Interessen der DDR ein und schickte sie z. B. auf Gastspieltourneen durch die Sowjetunion, verlieh beiden Sängern höchste, staatliche Auszeichnungen und verpflichtete sie zur Eröffnung des Palastes der Republik 1976 in Berlin oder zur Eröffnung des Gewandhauses 1981 in Leipzig. Beide Sänger dienten der DDR-Führung im Ausland als künstlerische Repräsentanten und Botschafter und wurden innerstaatlich entsprechend hofiert und geehrt. Die staatlichen Auszeichnungen waren teilweise mit sehr hohen Geldzahlungen verbunden, die beiden Künstlern einen außergewöhnlich hohen Lebensstandard ermöglichten, der nur einer kleinen Elite in der DDR zugänglich war. Sie konnten beispielsweise Autos aus westdeutscher Produktion erwerben und Häuser mit hochwertiger Ausstattung errichten; sie führten somit auch auf materieller Ebene in der DDR ein Ausnahmeleben. Diese ambivalente Beziehung zwischen Politik und Kunst und der Konflikt zwischen Repräsentation der DDR im Ausland und Heimatverbundenheit, künstlerischer Höchstleistung und Karriere verband beide Sänger in einem Spannungsfeld, in welchem andere Künstler vielleicht zerbrochen wären oder sogar tatsächlich sind.

Als Schreier 1969 sein Debut als Tamino an der Metropolitan Opera in New York als erster DDR-Sänger überhaupt gab, kam es z. B. fast zum Eklat – Bürokraten forderten, dass hinter Schreiers Namen auf Plakaten und Programmheften das Herkunftsland DDR vermerkt werden sollte – eine Forderung, der natürlich nicht nachgekommen wurde. Seine Frau Renate durfte ihn zunächst nicht begleiten. Darüber regte sich Schreier öffentlich in einem Artikel des „Wiener Express“ am 20. Juni 1967 auf. Er beklagte zudem, dass er einen Vertrag mit der Bayerischen Staatsoper nicht abschließen durfte. Trotz allem schadete dies alles Schreier nicht – im Gegenteil – nach Mailand durfte seine Frau 1968 mitfahren. Als 1981 Schreiers Sohn Torsten mit Frau und Kind aus Salzburg nicht mehr in die DDR zurückkehrte, fürchtete Schreier Schlimmstes, doch auch dies wurde ohne Konsequenzen hingenommen.

Bei Theo Adam verhielt es sich ähnlich. Er gab aber erst Ende 1989, als das Ende des DDR-Systems nahte, die Auszeichnung *Großer Stern der Völkerfreundschaft* zurück, um damit ein Zeichen gegen die „*Machenschaften einer korrupten Staatsführung*“ zu setzen.

Dass manches in der politischen Umbruchszeit möglicherweise falsch dargestellt wurde, zeigt ein *Spiegel*-Artikel von 1990, gegen den Schreier juristisch vorging: „*Schmerzhafter bekam Star-Tenor Peter Schreier, altgediente Goldkehle der Republik, den Umschwung*

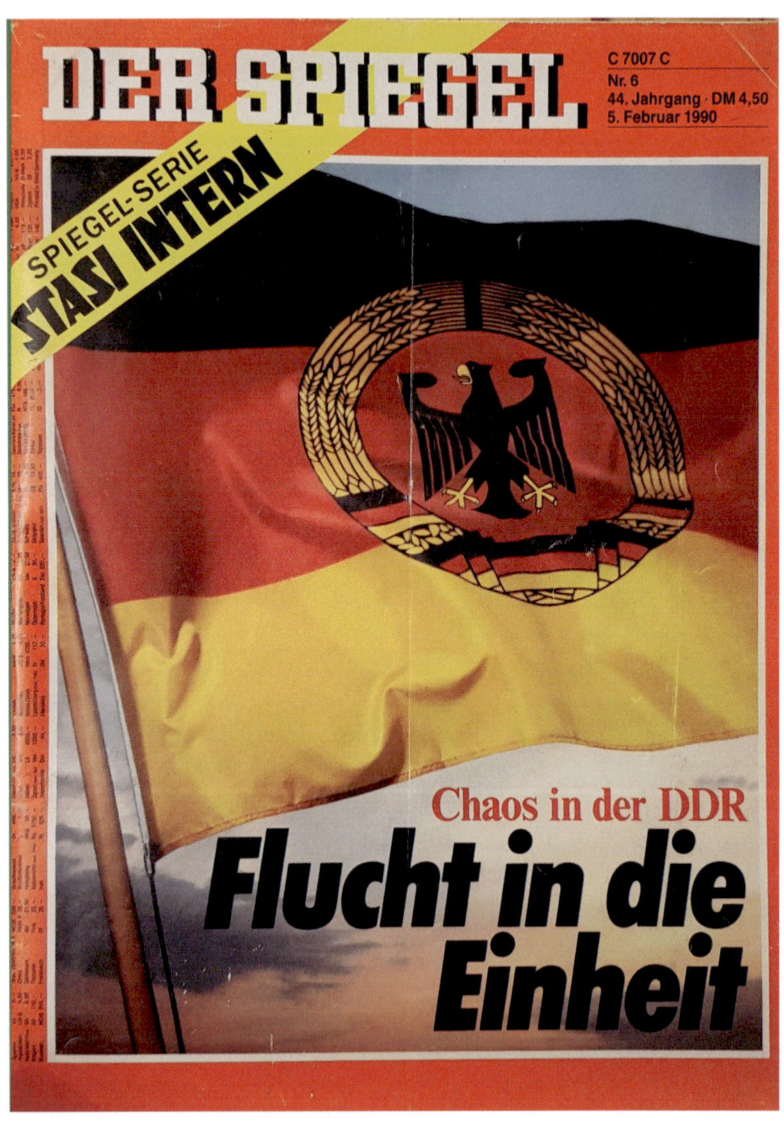

In der Spiegelausgabe 6/1990 erschienen falsche Beschuldigungen über Peter Schreier.

zu spüren. Während einer Künstler-Demo in Dresden, an der der zuckerkranke Sänger wegen eines Sanatoriumsaufenthaltes nicht selber teilnehmen konnte, hatte Schreier ein Schreiben verlesen lassen [durch Gunther Emmerlich], *in dem er seine aufmüpfigen Mitbürger wieder auf Parteilinie pfeifen wollte: Alle sollten mit den Aufmärschen aufhören und gefälligst staatstragend arbeiten. Danach haben rachedurstige Volksgenossen die beiden Wagen des Ehepaares Schreier in Dresden und Ost-Berlin demoliert, der Sänger selbst, so ein Augenzeuge zum SPIEGEL, sei auf offener Straße angespuckt worden.*"[51]

Peter Schreier war von dieser Darstellung tief betroffen und forderte vom *Spiegel* eine Gegendarstellung, da diese Aussagen schlicht erfunden waren. Die juristische Auseinandersetzung und die dafür anfallenden Kosten in Höhe von 3.000 DM, die Schreier selbst tragen musste, ließen ihn stark an der Presse zweifeln: „*Damals war mein Vertrauen in die freie Presse und in die demokratische Rechtssprechung einigermaßen erschüttert*", schrieb er in seiner Autobiografie.[52]

Der *Spiegel* sah sich verpflichtet, in einer der nächsten Ausgaben Schreiers Gegendarstellung zu drucken:

„*Unwahr ist zunächst die Behauptung, daß ich in einem in Dresden verlesenen Schreiben aufmüpfige Mitbürger durch die Aufforderung wieder auf Parteilinie pfeifen wollte, mit den Aufmärschen aufzuhören und gefälligst staatstragend zu arbeiten. Richtig ist, daß ich die Straße zum Ort aller Menschen mit wiedergefundenem Selbstvertrauen erklärt habe, bis die Forderungen nach Selbstbestimmung durch freie geheime Wahlen erfüllt sein würden. Ich habe ferner erklärt, daß ich eine Aussicht auf dem Weg zur Demokratie und auf ein besseres Leben in wirtschaftlicher Hinsicht nur dann sehe, wenn jeder bereit ist, zu diskutieren, zu kritisieren und hart zu arbeiten, um im freien Leistungswettbewerb bestehen zu können. Unwahr ist weiter die Behauptung, daß rachedurstige Volksgenossen die beiden Wagen des Ehepaars Schreier in Dresden und Ost-Berlin demoliert hätten und der Sänger selbst auf offener Straße angespuckt worden sei. In Wahrheit sind beide Wagen des Ehepaares Schreier nicht demoliert worden; auch bin ich weder auf offener Straße noch sonstwo von einem Menschen angespuckt worden. Dresden, den 19. Februar 1990. Peter Schreier.*"[53]

51 Zitiert nach: Spiegel, 6/1990.

52 Zitert nach: Schreier, Peter: Im Rückspiegel. Erinnerungen und Ansichten, Wien 2005, S. 185.

53 Zitiert nach: Spiegel, 9/1990.

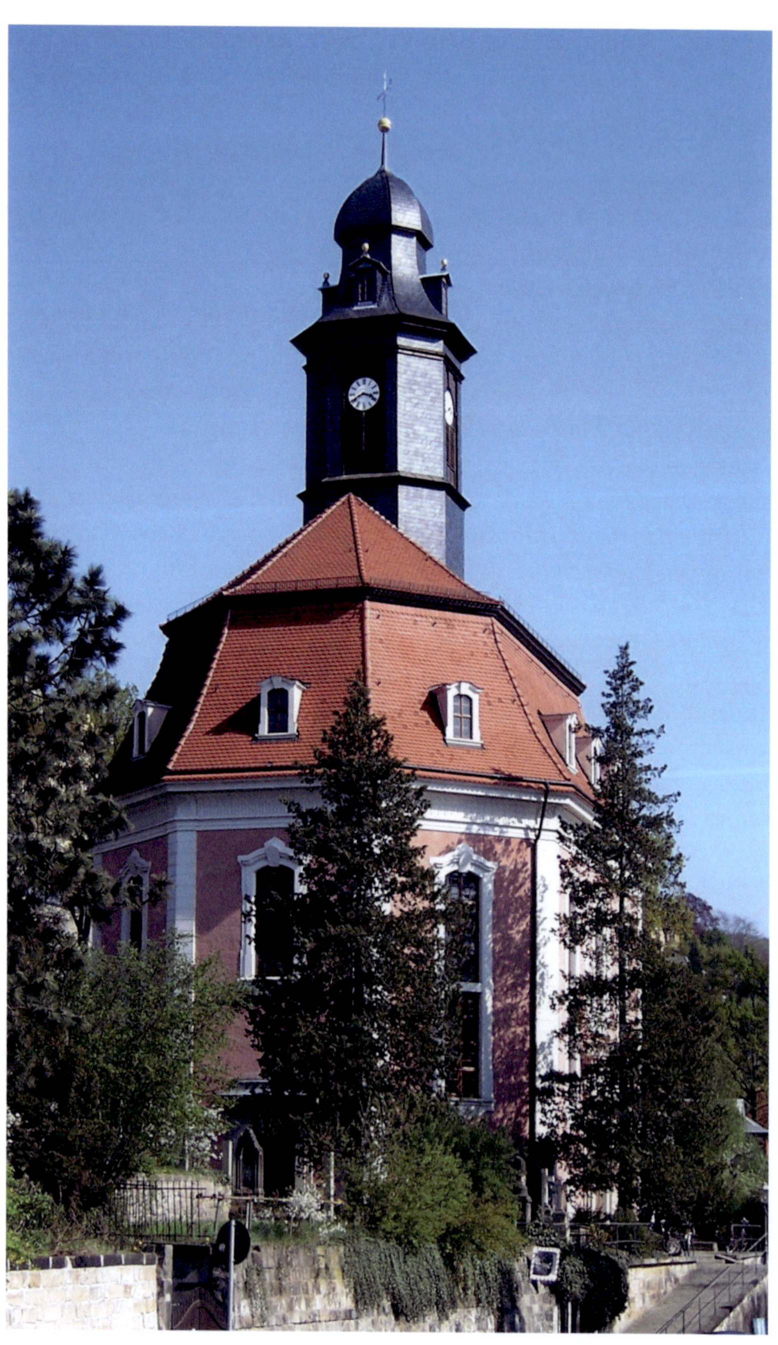

Die wiedererstandene Loschwitzer Kirche, die Dank des Engagements von Theo Adam und Peter Schreier rekonstruiert wurde.

Adam und Schreier
Ehrenamtliches Engagement

Peter Schreier und Theo Adam hatten aufgrund ihres Bekanntheitsgrades und ihrer Popularität einen großen Einfluss auf die kulturelle Entwicklung ihrer Heimatstadt Dresden und Bauprojekte der DDR. Sie setzten sich intensiv für verschiedenste Kulturprojekte und Bauwerke ein, übernahmen Schirmherrschaften, gaben Benefizkonzerte und sammelten Spenden. Von 1984 bis 1990 war Peter Schreier z. B. Präsident des „Kuratoriums Schauspielhaus Berlin" (später Konzerthaus Berlin) und setzte sich persönlich bei Erich Honecker für bauliche Verbesserungen der Akustik und das Engagement internationale Künstler ein, die dort auftreten konnten: *„Ich habe mich sehr für den Bau eingesetzt, bin auch einbezogen worden in die Planung und habe dann Schwierigkeiten gehabt, das mir angetragene Intendantenamt abzuwehren. Dazu war ich zeitlich gar nicht in der Lage, aber auch weil mir so ein Amt überhaupt nicht liegt. Ich bin kein Organisator, kein Mensch, der ein so großes Unternehmen leiten könnte. Aber die DDR war immer sehr um ihre Außendarstellung bemüht. Das ging so weit, dass man keinen Mann der Partei, sondern einen wollte, der einen Namen als Künstler hatte. Irgendwann gab es glücklicherweise die Idee, ein Kuratorium zu*

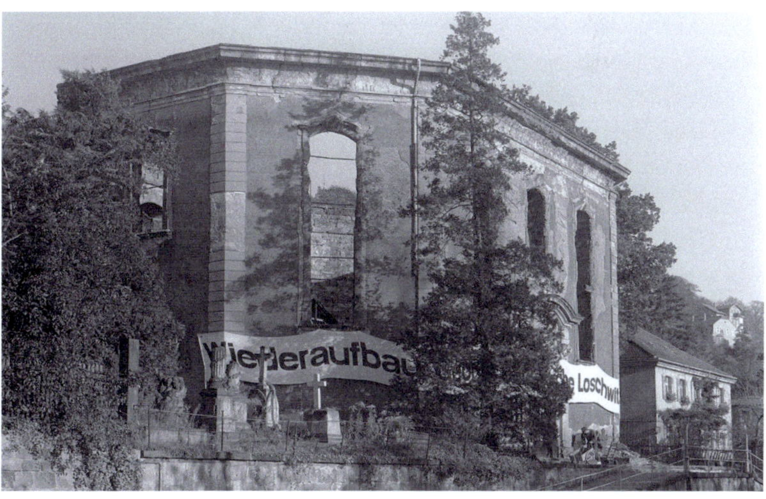

Die Ruine der Loschwitzr Kirche in den 1990er Jahren.

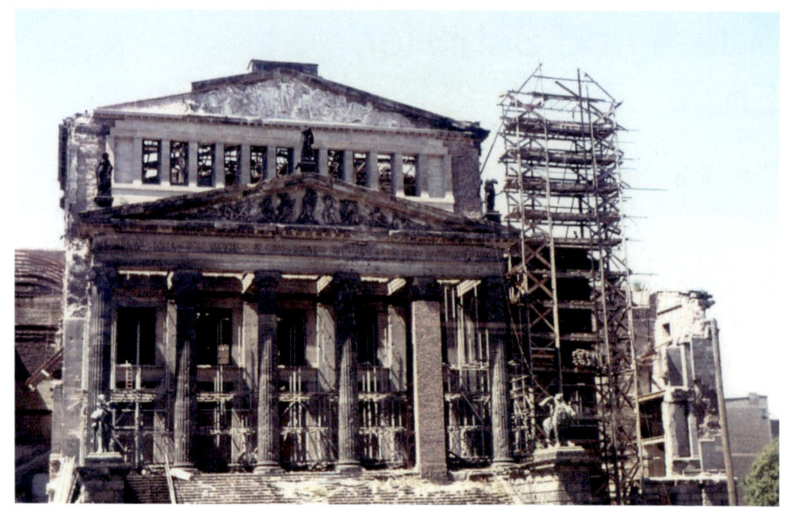

Das Schauspielhaus Berlin, in dem der „Freischütz" 1821 uraufgeführt wurde, konnte unter dem Kuratoriumsvorsitz von Peter Schreier wiederaufgebaut und 1984 eingeweiht werden.

gründen, das eine gewisse Repräsentanz bildete und das mir die Möglichkeit gab, Künstler in der ganzen Welt anzusprechen. Das war damals nicht selbstverständlich, dass die Künstler-Elite aus dem Westen kam und vor allem entsprechende Geldmittel dafür da waren."[54] So gastierten 1984 im Eröffnungsmonat die Wiener Philharmoniker unter Leonard Bernstein (1918–1990) im wieder erstandenen Schauspielhaus.

Theo Adam hingegen wurde Präsident des Kuratoriums der Semperoper Dresden, dem Peter Schreier ebenfalls als Mitglied angehörte.[55] Außerdem übernahm Adam die Ehrenpräsidentschaft für die „Dresdner Musikfestspiele" und setzte sich in einer kritischen Phase für deren Erhalt ein.[56]

Nach 1990 engagierte sich Schreier für die Rettung der Meißner Altstadt und wurde 1996 zum Ehrenbürger der Stadt ernannt. Der Wiederaufbau der Loschwitzer Kirche ist ebenfalls zu einem großen Teil dem Einsatz Adams und Schreiers zu verdanken; auch ihr Engagement für die Dresdner Frauenkirche ist bedeutend. 2012 engagierte sich Schreier für das Kulturkraftwerk Mitte: „*Wenn Dresden aus seiner Provinzialität heraus will, muss hier etwas getan werden*"[57], sagte Schreier damals. Heute befinden sich dort u.a. die Staatsoperette und das Theater der Jungen Generation. Peter Schreier übernahm außerdem 1996 den

54 Berliner Morgenpost, 1. Oktober 2004
55 Opernglas, 1/89/90, 15. September 1989
56 Bild, 2. Dezember 2006.
57 Zitiert nach: Sächsische Zeitung, 14.12.2012.

ersten Vorsitz des „Vereins zum Dresdner Stadtjubiläum 2006". Besonders für Kreischa und die Schumann-Ehrung setzte sich Peter Schreier enorm ein, da er im Kreischaer Ortsteil Lungkwitz einen Zweitwohnsitz hatte. Er war seit 1998 Ehrenvorsitzender des Kreischaer Kunst- und Kulturvereins „Robert Schumann" und gründete die „Schumanniade in Kreischa und Reinhardtsgrimma". Das kleine, alle zwei Jahre stattfindende Festival ist bis jetzt unter Leitung von Olaf Bär ein Besuchermagnet für Schumannliebhaber. Schreier unterstützte zusätzlich die Sanierung der Kirche in Kreischa. Heute krönt eine Büste des Sängers von Künstler Hans Kazzer den Park des Ortes – ganz in der Nähe einer Schumann-Büste, für deren Aufstellung sich Schreier eingesetzt hatte. Beide Sänger beteiligten sich an zahlreichen kleineren Spendenprojekten, wie z. B. Theo Adam bei einem Spendenprojekt der Arche nova zum Brunnenbau in Sri Lanka und Birma 2008. Auch andere Projekte unterstützten die Künstler mit Benefizkonzerten, wie beispielsweise für die Frauenkirche in Celle. Insgesamt ist ihr Einsatz für die Kulturlandschaft nicht zu unterschätzen. Ohne den Einsatz dieser beiden Sänger wären viele Entwicklungen sicher anders verlaufen.

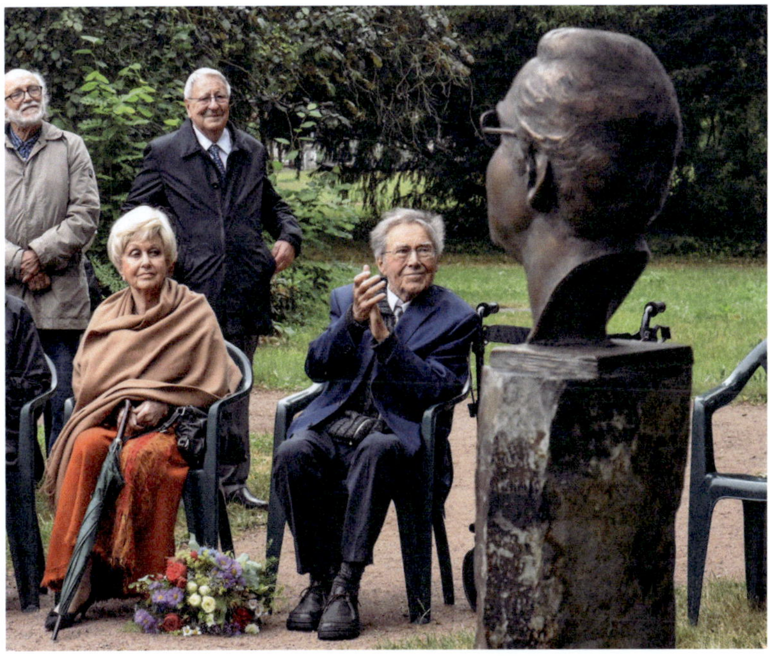

Peter Schreier mit seiner Frau Renate zur Einweihung der Schreier-Büste in Kreischa am 23. Juni 2018.

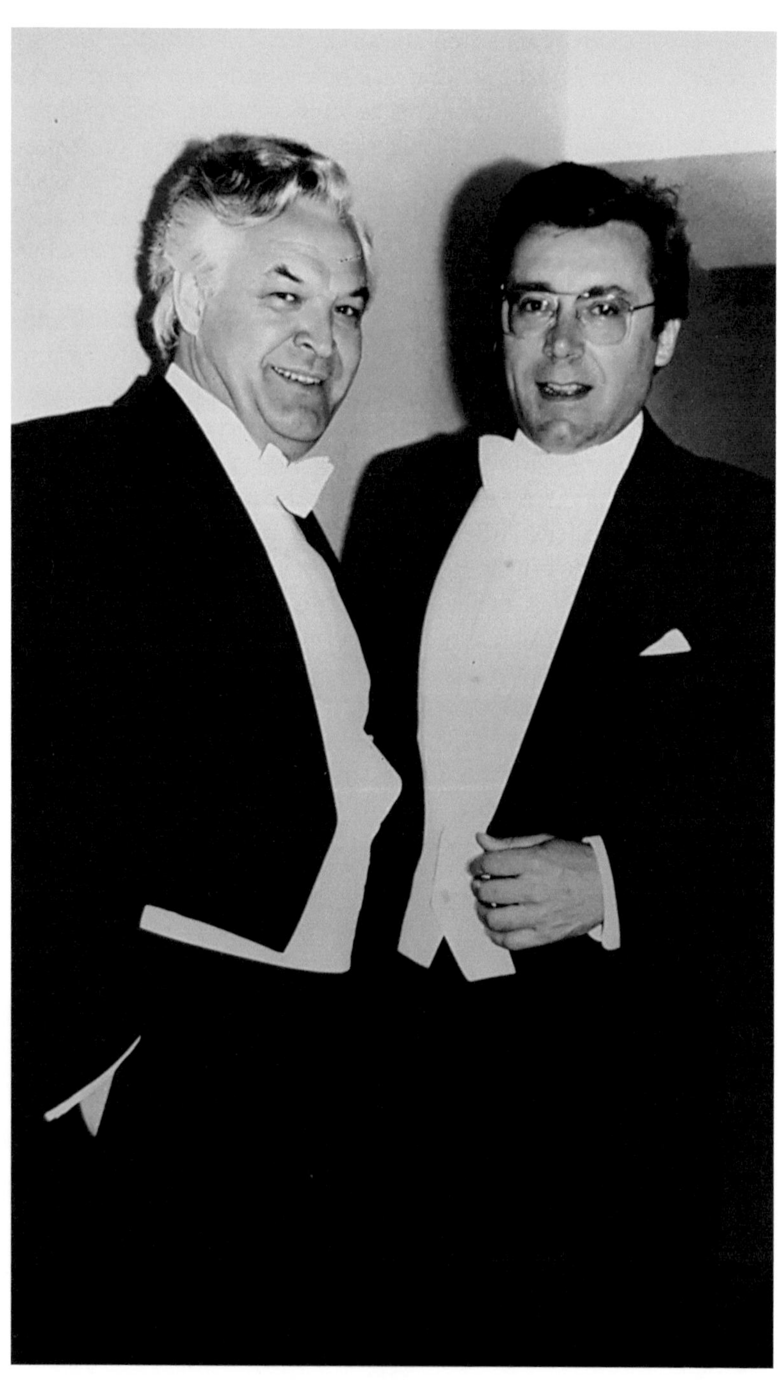

Theo Adam und Peter Schreier vor einem Konzert.

Adam und Schreier
Eine lebenslange Freundschaft

Die ungewöhnlich lange und vertrauensvolle Freundschaft erschien beiden Sängern so selbstverständlich, dass sie öffentlich selten thematisiert wurde. Auch für die Fangemeinschaft war es – vor allem in Dresden – selbstverständlich, beide gemeinsam in Konzerten zu erleben. Doch in Adams Buch „Ein Sängerleben in Begegnungen und Verwandlungen" wird Schreier allenfalls am Rande genannt, obwohl die beruflichen und privaten Berührungspunkte vielseitig waren.[58] Adam schrieb dort: „*Mein Dresdner Freund Peter Schreier sang dabei, übrigens zum ersten Mal, den David* [in Rom]. *So erfolgreich, daß er bald weitere Wagner-Rollen folgen ließ, u. a. Loge, Mime und den jungen Seemann in ‚Tristan'. Der Mozart-Sänger war damit in die Phalanx der Wagner-Sänger eingebrochen. Unser übliches gegenseitiges ‚Geflachse': ‚Du Mozartsäusler!' – ‚Na, und Du Wagnerbrüller?' galt von da an nicht mehr. Sawallisch war Schuld – er hatte Peter zu Wagner überredet. Ich bin ihm dankbar, hatte ich doch nunmehr in Wien, Berlin, Dresden, München, Hamburg, auch auf Schallplatte, als Hans Sachs einen exzellenten Schusterbuben, den ich mit Genuß zuhören und auf der Bühne mit gleichem Genuß eine freundschaftlich-derbe Ohrfeige geben konnte.*"[59]

Die gegenseitige Achtung und die enge Freundschaft von Adam und Schreier basierte sicher zu einem großen Teil auf der gemeinsamen Herkunft: Beide wuchsen in Dresden bzw. in der Umgebung auf, und ihre Jugendzeit wurde durch den Kreuzchor und die Erfahrungen in der Zeit des Nationalsozialismus geprägt. Der neun Jahre jüngere Peter Schreier erlebte den 13. Februar 1945 und seine Zerstörungen aus direkter Nähe, wohingegen Adam in Kiegsgefangenschaft geriet. Adam schrieb später: „*Wenn ich auf Gastspielen gute alte Bekannte aus Dresden traf, so waren diese Begegnungen immer von großer Herzlichkeit und gemeinsamen Erinnerungen erfüllt. Sicher trug dazu die Verbundenheit mit der 1945 so entsetzlich verwundeten Stadt bei. Das Verwurzeltsein in der künstlerischen Tradition Dresdens, die sei-*

58 Zitiert nach: Adam, Theo: Ein Sängerleben in Begegnungen und Verwandlungen, Berlin 1996, S. 124. Hier wird Schreier bei einem Besuch bei Wolfgang Sawallisch (1923–2013) erwähnt – nur eine von vielen gemeinsamen Unternehmungen.

59 Zitiert nach: Adam, Theo: Ein Sängerleben in Begegnungen und Verwandlungen, Berlin 1996, S. 125.

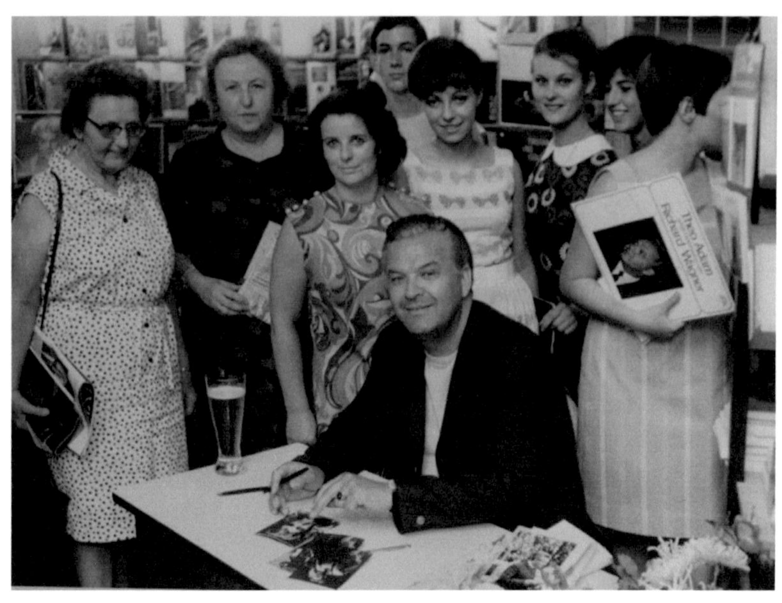

Theo Adam zur Autogrammstunde, August 1968.

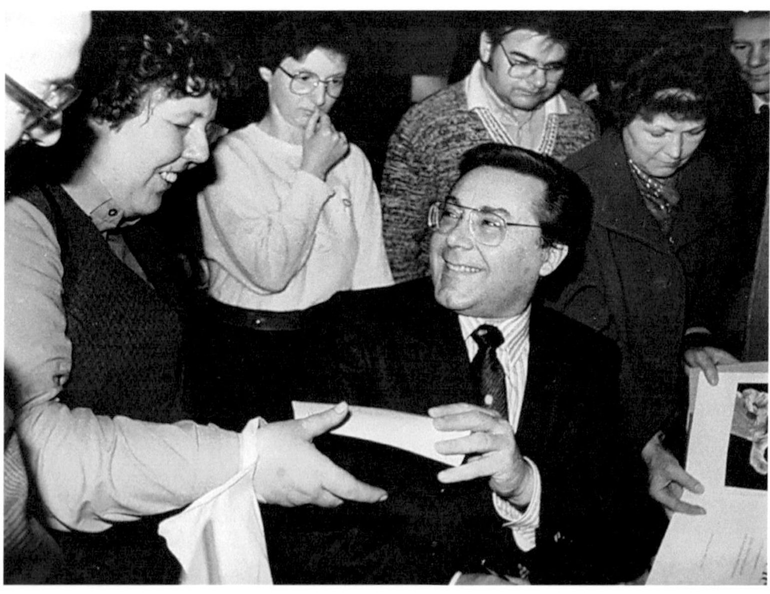

Peter Schreier zur Autogrammstunde in Berlin, 1988.

nen Künstlern immer eine Verpflichtung bedeutete, ließ bei meiner Zusammenarbeit mit ehemaligen Dresdnern, wie Karl Böhm, Joseph Keilberth, Rudolf Kempe, Christel Goltz, Kurt Böhme, Erna Berger, Paul Schöffler oder Erich Ponto sofort Kontakt aufkommen, der weit über das Kollegiale hinausging.“[60]

Zur engen Verbundenheit zwischen Adam und Schreier trug sicherlich auch stark die Prägung durch den Kreuzchor und Kreuzkantor Rudolf Mauersberger bei, der ihren Charakter und vor allem den musikalischen Geschmack formte. Außerdem gab der Kreuzchor nach 1945 beiden Sängern in der zerstörten Stadt Halt und Orientierung. Der Chor wurde – wie für viele andere Dresdner – zum Symbol der Hoffnung.

Dresden blieb für beide lebenslang der zentrale Wohn- und Lebensmittelpunkt: „*Dresden ist meine Geburtsstadt, ihr kulturelles Klima förderte und forderte mich, und ich denke an diese Stadt auf meinen Reisen sehr oft mit Sehnsucht*“, berichtete Adam.[61] Über eine Aufführung des Weihnachtsoratoriums schrieb Adam beispielsweise in seinem Tagebuch am 18. Dezember 1967: „*Als ich mich gestern nach meiner großen Baßarie ‚Großer Herr und starker König‘ auf meinen Stuhl setzte und in das weite Kirchenschiff blickte, die vielen aus ganz Sachsen angereisten Zuhörer sah, darunter mir nun schon manches bekannte und vertraute Gesicht, fühlte ich wieder nach den Ausflügen in alle Himmelsrichtungen, daß ich hier zu Hause bin. Dresden bedeutet mir nicht nur Heimat, sondern auch den musikalischen Nährboden, den ich brauche. Da sitzen um mich herum sächsische Musikanten, ein sächsischer Knabenchor mit Jahrhunderte alter Tradition, ein sächsischer Kantor aus dem Erzgebirge gibt mir den Einsatz, mein guter Freund und Tenorkollege Peter Schreier, wie ich ein musikalisches Ziehkind jenes sächsischen Kantors, singt mit Bravour die Koloraturen der Tenorarie. So finde ich mich eingebetttet in eine jener berühmten sächsischen Musiktraditionen, von der aus schon immer befruchtende Einflüsse in die europäische Musikszene geflossen sind.*“[62]

Die Dresdner Fangemeinschaft dankte den beiden Sängern für ihre Verbundenheit zur Heimat und nannte sie „*unseren Peter*“ und „*unseren Theo*“. Damit wurde eine Bindung zwischen Publikum und Sängern aufgebaut, die weit über das einer normalen Fangemein-

60 Zitiert nach: Adam, Theo: Ein Sängerleben in Begegnungen und Verwandlungen, Berlin 1996, S. 10.

61 Zitiert nach: Als Einstein bei den Musikfestspielen. Gespräch mit Kammersänger Theo Adam, in: Sächsische Zeitung, 1979.

62 Adam, Theo: Seht, hier ist Tinte, Feder, Papier..., Berlin 1980, S. 107.

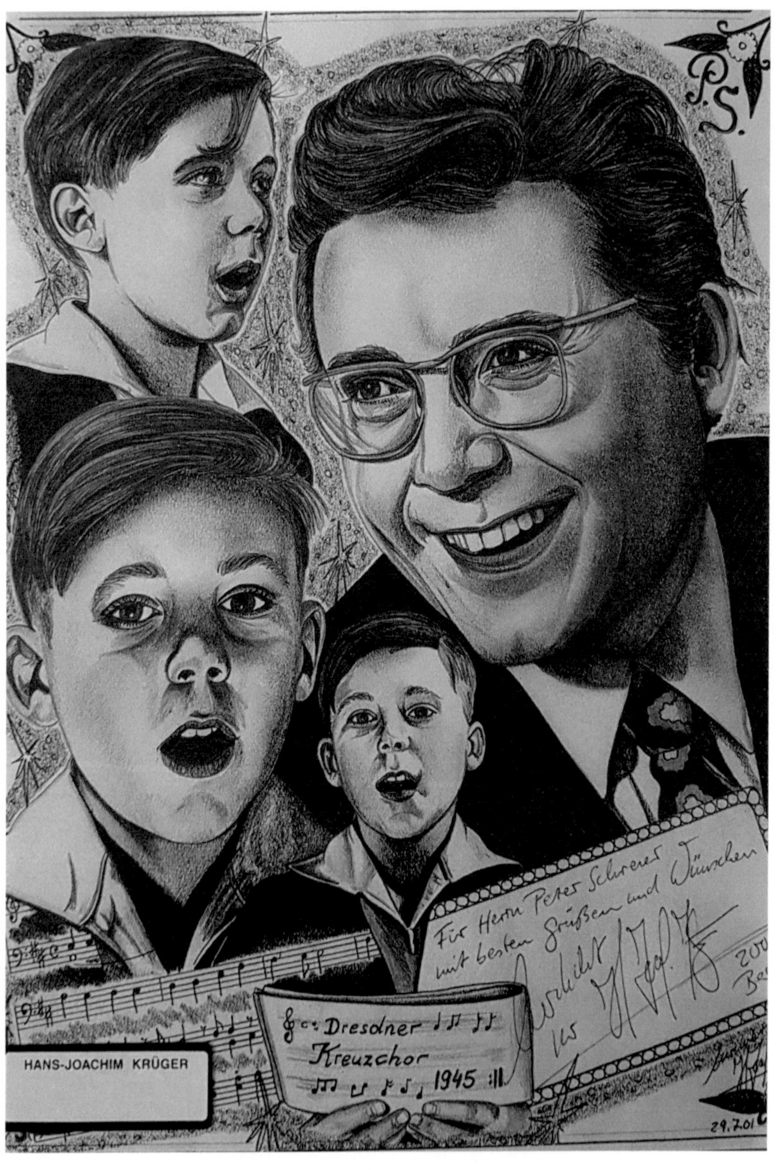

Fan-Collage über Peter Schreier, Zeichnung von Hans-Joachim Krüger.

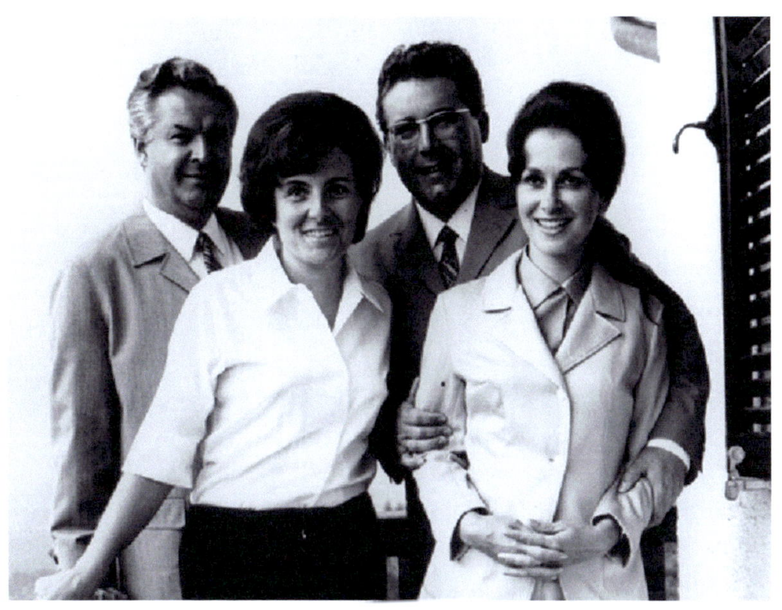

Ehepaar Adam und Schreier in Salzburg, 1969.

schaft hinausging.[63] Viele Fans reisten den Sängern (innerhalb der DDR) auch hinterher – sie waren umschwärmt wie berühmte Popstars. Davon zeugen viele Geschenke, Fanbücher oder Collagen, die über die Jahre angefertigt worden sind und den Sängern geschenkt wurden.

Adam und Schreier lernten sich bereits 1946 kennen: *„Ich war damals 10 Jahre alt. Theo Adam war im Kreuzchor gewesen, bevor er vom Militär eingezogen wurde. Etwa zu der Zeit, als ich in den Chor eintrat, kam er als Spätheimkehrer zurück. Damals sind wir in Verbindung gekommen. Später haben wir oft gemeinsame Konzerte gesungen und wurden dabei Freunde*“, erinnerte sich Peter Schreier.[64]

Theo Adam war für ihn und andere junge Sänger ein Vorbild, wobei er die Karriere Schreiers besonders unterstützte: *„Er hat uns jungen Sängern, also nicht nur mir allein, sehr geholfen. Er gab uns künstlerische Ratschläge und öffnete uns Wege, Karrierewege, zum Beispiel indem er uns über seine Kontakte zu Engagements verhalf. Er war selbstlos darin, andere zu unterstützen.*“[65] Dies bestätigte auch der Sänger Andreas Scheibner, der anlässlich Adams 75. Geburtstages über ihn schrieb: *„Der Ver-*

63 Zitiert nach: Zum Tode von Peter Schreier. Hartmut Haenchen spricht mit Guido Glaner, in: Dresdner Morgenpost, 8. Januar 2020.
64 Zitiert nach: Dresdner Morgenpost, 19. Januar 2019, S. 15.
65 Ebd., S. 15.

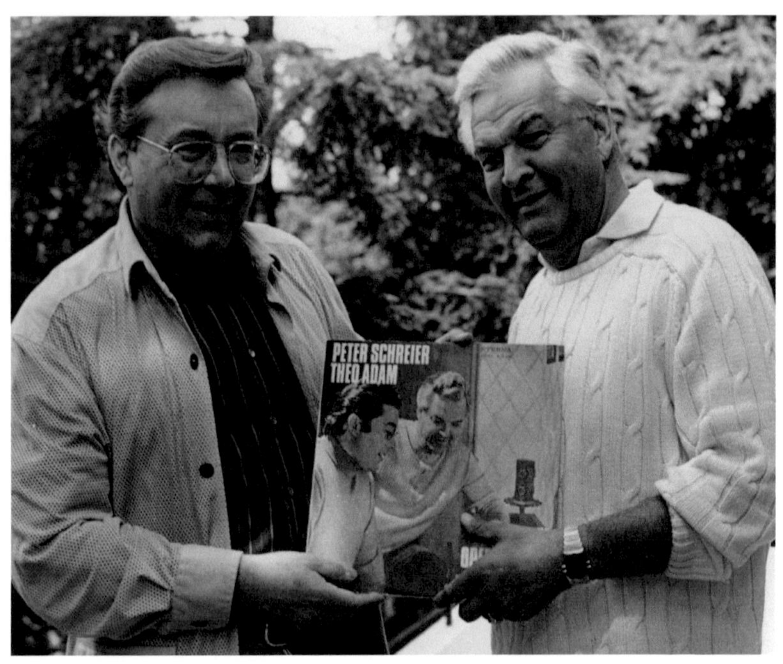

Peter Schreier und Theo Adam mit ihrer gemeinsamen Aufnahme von „Berühmten Opernduetten".

götterte erwies sich als väterlicher Freund und wohlmeinender Kollege."[66] Vor allem durch die enge Verbindung zum Kreuzchor, die beide Sänger ein Leben lang pflegten und gemeinsam mit dem Chor Konzerte gaben, konnten junge Sänger gefördert werden. Hartmut Haenchen erinnerte sich: „*Einmal hatte ich in Mauersbergers Lukas-Passion das Altsolo zu singen. Er* [Schreier] *spürte, wie nervös ich war, sprach mit mir, nahm mir die Angst und mehr noch: Er gab mir das Gefühl, dass ich das kann. Später sang ich mit ihm gemeinsam in der Annenkirche, im Rahmen der Schütz-Tage. Aufzuführen war der ‚Gesang der drei Männer im feurigen Ofen' für Alt, Tenor, Bass. Die Besetzung war Hartmut Haenchen, Peter Schreier und Theo Adam. Da stand ich nun und musizierte zusammen mit diesen zwei damals schon prägenden Sängern. Das ist bis heute eine meiner liebsten Erinnerungen.*"[67] Peter Schreier bezeichnete die Verbindung zu Theo Adam als sehr enge Freundschaft: „*Wir waren sehr oft zusammen. Es waren viele pri-*

66 Zitiert nach: Andreas Scheibner: Theo Mensch Gott Adam, in: Dresdner Neueste Nachrichten, 1. August 2001.

67 Zitiert nach: Zum Tode von Peter Schreier. Hartmut Haenchen spricht mit Guido Glaner, in: Dresdner Morgenpost, 8. Januar 2020.

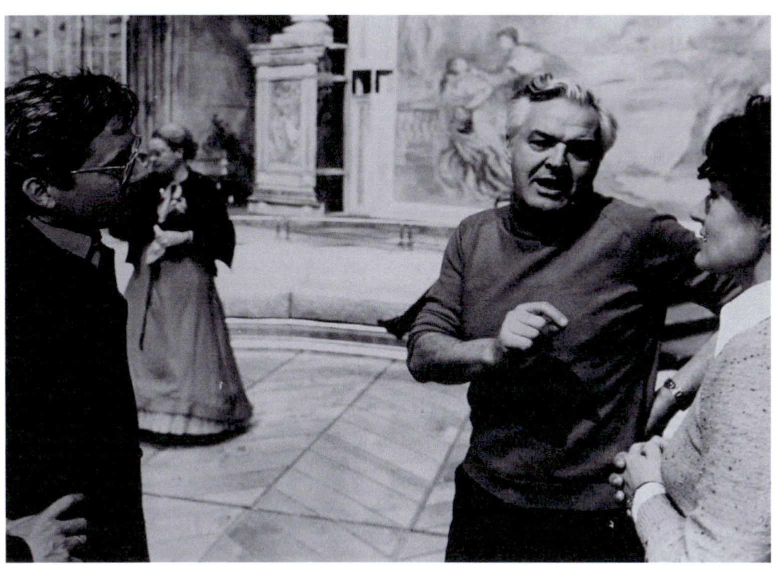

Peter Schreier und Theo Adam im Gespräch.

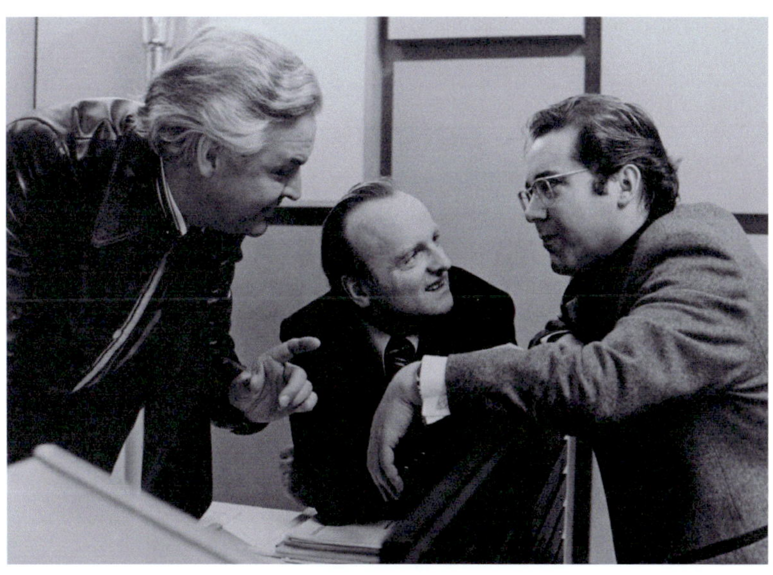

Theo Adam, Karl Richter und Peter Schreier im Gespräch.

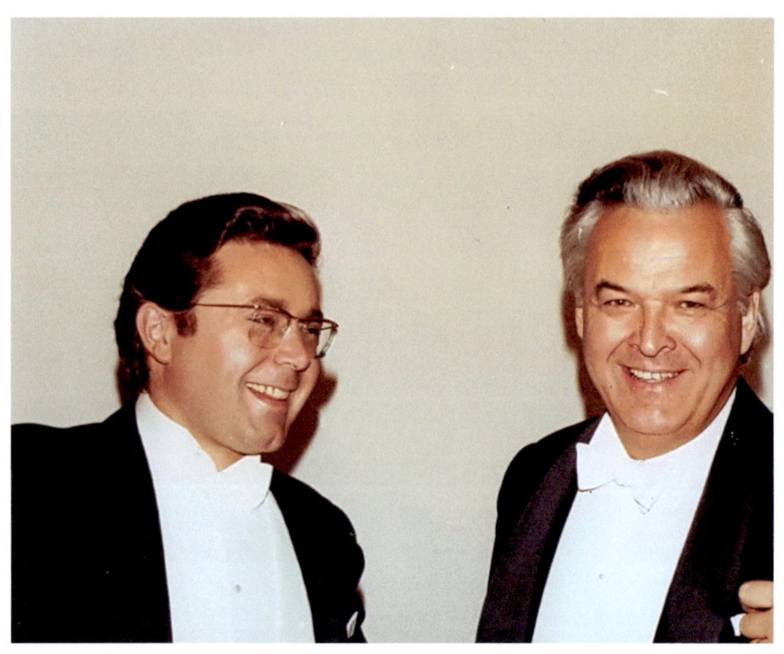

Peter Schreier und Theo Adam während eines Konzertes.

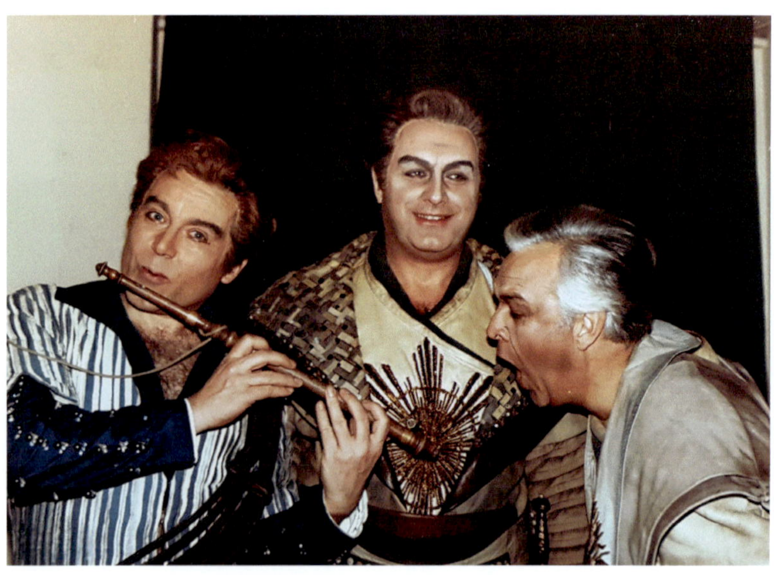

Peter Schreier, Siegfried Vogel und Theo Adam in der „Zauberflöte".

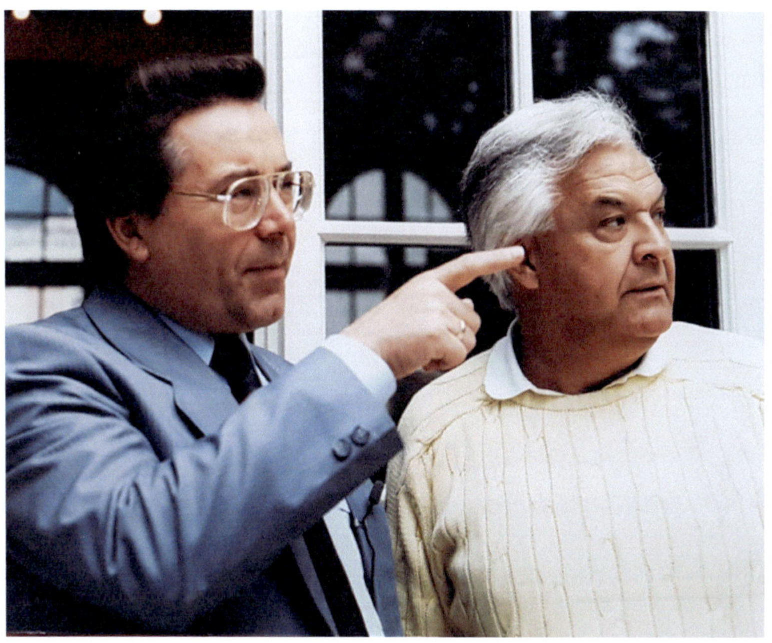

Peter Schreier und Theo Adam im Gespräch.

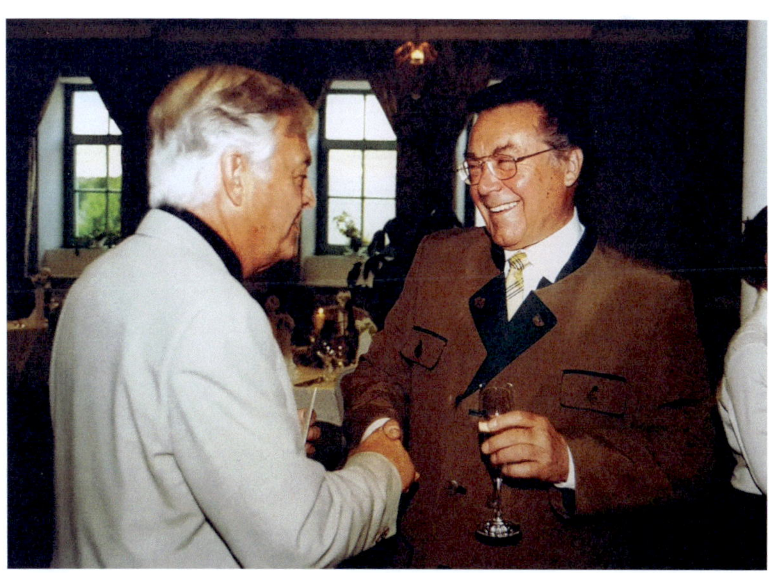

Theo Adam und Peter Schreier zu einer Geburtstagsfeier.

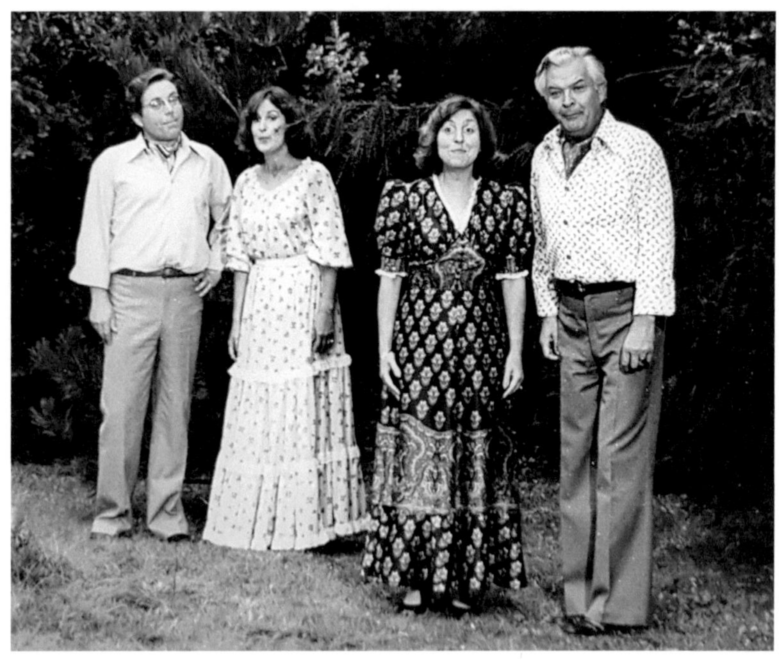

Peter Schreier, Magdalene Falewicz, Gisela Pohl und Theo Adam während der Filmaufnahmen zum „Liebesliederwalzer“ von Johannes Brahms, 1977.

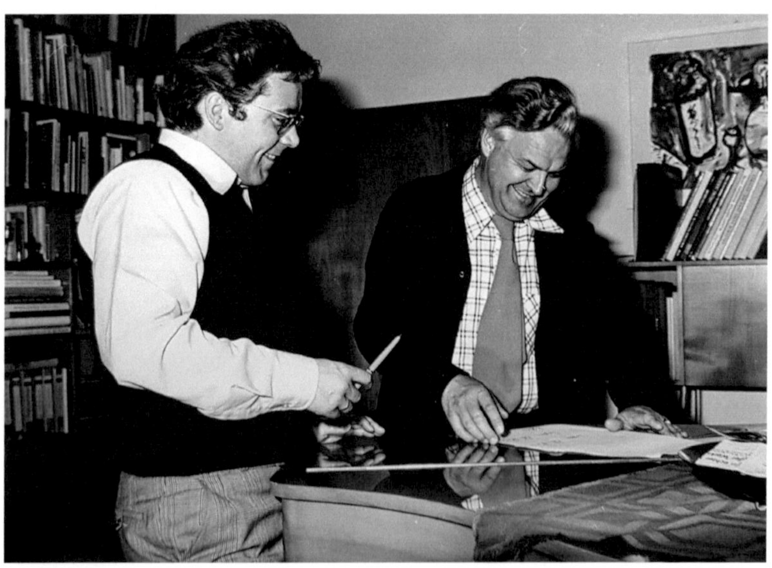

Peter Schreier und Theo Adam privat.

vate, sehr persönliche Kontakte, die auch unsere Familien einbezogen haben. Auch beruflich waren wir immer wieder eng beieinander. Berufliches und Privates gingen nahtlos ineinander über.“[68]
Natürlich verdanken beide Sänger einen Großteil ihrer Karriere auch der starken Unterstützung durch ihre Ehefrauen, die teilweise auch als Manager und Organisatoren agierten: „*Wenn ich nicht eine so verständnisvolle, organisatorisch lenkende und auch kritische Lebenspartnerin zur Seite hätte – vieles wäre nur schwer oder gar nicht gegangen*“, berichtete Theo Adam bereits 1979 über seine Frau Eleonore.[69]

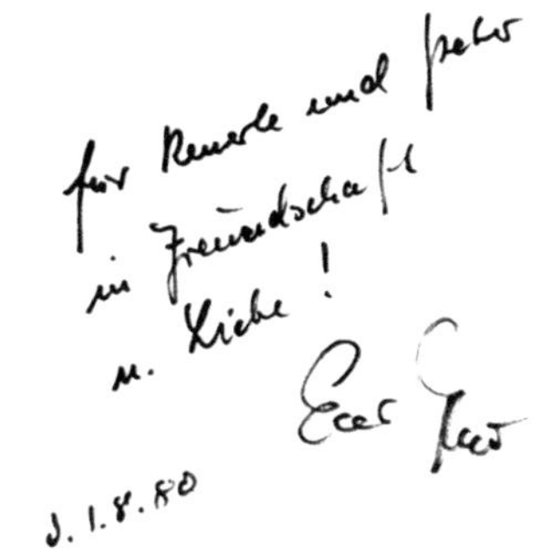

Widmung Theo Adams an das Ehepaar Schreier in seinem Buch „Seht, hier ist Tinte, Feder, Papier…“, 1980.

Man unterstützte sich gegenseitig, gab sich Ratschläge, diskutierte und arbeitete eng zusammen.
Auch neben ihren Musikkarrieren engagierten sie sich gemeinsam für Projekte. 2002 gestalteten sie beispielsweise einen Garten für die Landesgartenschau in Großenhain.[70]
In der Karriere beider Sänger gab es viele Parallelitäten, gemeinsame Projekte, Konzerte und Produktionen, wobei beide jeweils von der Erfahrung des anderen profitierten. Im Unterschied zu Schreier sah sich Adam aber durch und durch als Theatermensch und liebte die Bühnenwelt: „*Ich fühle mich als Theatermensch mit Leib und Seele. Bereits als Kind war ich theaterbesessen. Und bis heute ist mir diese Leidenschaft geblieben, ja durch einige Regiearbeiten sogar noch ausgeprägter, freilich auf konkrete Aufgaben gerichtet. Wäre ich nicht Sänger, so wäre ich ganz sicher Regisseur geworden.*“[71]
Schreier hingegen sah seine Stärke im Konzertbereich, wobei dies seiner Bühnenkarriere keinen Abbruch tat: „*Wenn ich im Gespräch mit Theo Adam mitunter heftig gegen die Oper polemisiere, spricht vielleicht ein bisschen gekränkte Eitelkeit mit, weil ich mich darüber*

68 Zitiert nach: Dresdner Morgenpost, 19. Januar 2019, S. 15.
69 Zitiert nach: Als Einstein bei den Musikfestspielen. Gespräch mit Kammersänger Theo Adam, in: Sächsische Zeitung, 1979.
70 Sächsische Zeitung, 12. Mai 2001, S. 15.
71 Zitiert nach: Als Einstein bei den Musikfestspielen. Gespräch mit Kammersänger Theo Adam, in: Sächsische Zeitung, 1979.

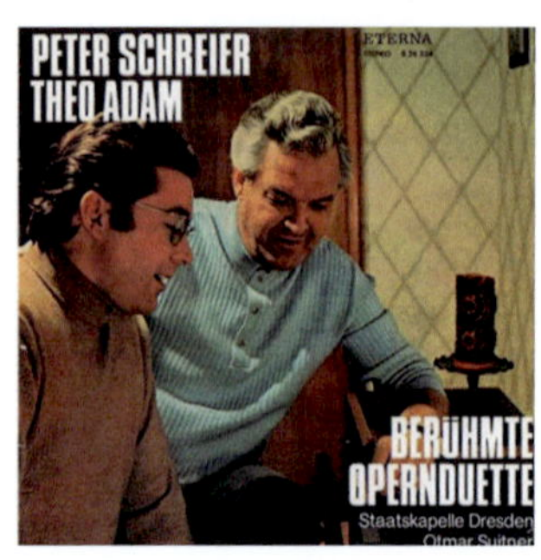

Berühmte Opernduette, 1973.

ärgere, dass ein Liederabend nicht in gleichem Maße diese spektakuläre Wirkung ausübt [wie ein Opernabend]."[72] Die vielen gemeinsamen Schallplattenaufnahmen zeugen bis heute von der engen Zusammenarbeit der Jahrhundertsänger. Eine besondere Aufnahme wird dabei der „Freischütz" bleiben, der in der Dresdner Lukaskirche unter Carlos Kleiber aufgenommen wurde. Peter Schreier sang den Max, den er nie auf der Bühne verkörpert hat: „*Der Max war in der Tat ein persönlicher Wunsch von Kleiber, der unbedingt wollte, dass ich den singe. Und ich habe mich überreden lassen. Der Max ist eine Zwischenpartie, die eine sonore Tiefe verlangt, die der lyrische Tenor nicht unbedingt hat. Meiner jedenfalls nicht. Da hat Kleiber aber gesagt: ‚Mir ist wichtiger, dass wir die Passagen, wo Sie mit Ihrer Stimme glänzen können, als Maßstab nehmen. Alles, was an tiefer, sonorer Stimmführung gebraucht wird, können wir technisch im Studio regeln.' Er ist musikalisch so intensiv gewesen, so überzeugend, dass ich das mit gutem Gewissen habe machen können. Und die Aufnahme ist auch eigentlich ganz gut.*"[73]

Adam sang bei dieser Aufnahme nicht den Eremit, sondern den Kaspar: „*Ich bin sehr stolz, in dieser Produktion mitgewirkt zu haben. Ich bin dabei als Jägerbursche Kaspar zu hören, den ich auf der Bühne allerdings nie gesungen habe. Dieser rauhe Kumpan liegt meinem Naturell wohl nicht. Aber hier konnte ich mich stimmlich einmal austoben und versuchte durch scharfe Charakteristik und stimmliche Akzentuierung alles das zu geben, was Carlos Kleiber von mir mit der ihm eigenen fast hypnotischen Kraft verlangt hat. Und er hat mich durch die Rolle geradezu getrieben und gepeitscht.* [...] *Hier machte Carlos deutlich, welche Kraft man in der Musik Carl Maria von Webers freilegen kann. Er nahm einfach die Partitur genau, ohne ihr aber Gewalt anzutun. Diese Aufnahme kann man als authentischen Maßstab für spätere Aufnahmen werten.*"[74]

72 Zitiert nach: Schreier, Peter: Im Rückspiegel. Erinnerungen und Ansichten, Wien 2005, S. 88.

73 Barnstorf, S.: Jubilar: Peter Schreier – 80. Geburtstag in Dresden, in: Das Opernglas, 07/08 2015.

74 Zitiert nach: Adam, Theo: Ein Sängerleben in Begegnungen und Verwandlungen, Berlin, 1996, S. 89.

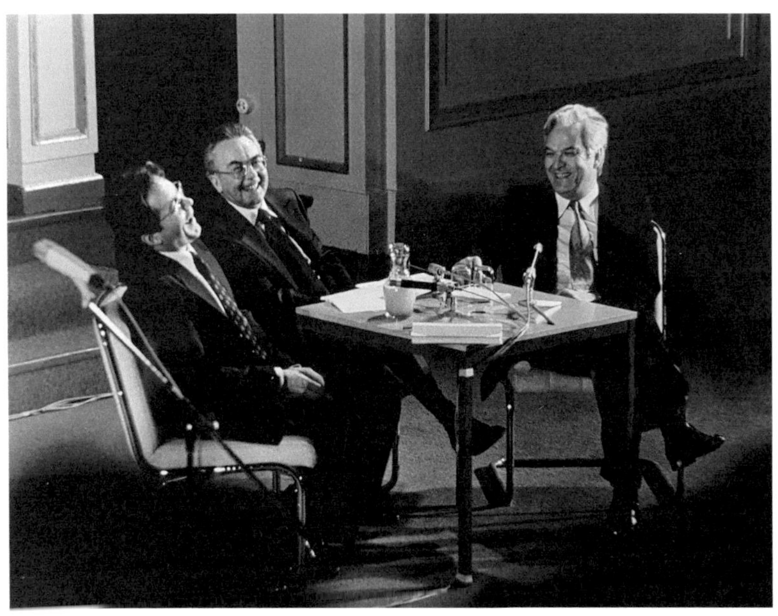

Peter Schreier, Hans Pischner (Intendant der Berliner Staatsoper) und Theo Adam im Künstlergespräch, um 1975.

Auch ihre gemeinsame Platte mit „Berühmten Opernduetten“ gehört zum Zeugnis der gemeinsamen Arbeit.

Im Alter erkrankte Theo Adam an Demenz, was vor allem für die Angehörigen und auch für Peter Schreier eine schwierige Situation darstellte: *„Er war quasi nicht mehr da. Das war sehr schmerzlich. Im Dezember habe ich ihn noch besucht und eine gemeinsame Aufnahme vorgespielt. Doch schon lange hat ihn nichts mehr erreichen können*“, berichtete Schreier nach Adams Tod.[75]

2019 sind beide Sänger verstorben.

75 Zitiert nach: „Singen ist veredeltes Sprechen“ in: Fono Forum, 3/2018, S. 28.

Literaturverzeichnis

Adam, Theo:

- Ein Sängerleben in Begegnungen und Verwandlungen, Berlin 1996
- „Seht, hier ist Tinte, Feder, Papier". Aus der Werkstatt eines Sängers, Berlin 1980
- Die hundertste Rolle oder: Ich mache einen neuen Adam, Berlin 1986
- „Sprüche in der Oper". Erlebt und gesammelt während 50 Sängerjahren in aller Welt. Berlin 1999
- Vom Sachs zum Ochs. Meine Festspieljahre. Berlin 2001
- Lyrik unterwegs: Musestunden eines reisenden Sängers, Frankfurt 1994

Helfricht, Jürgen:

- Peter Schreier – Melodien eines Lebens, Husum 2008

Herrmann, Matthias (Hrsg.):

- Begegnungen mit Peter Schreier, Beucha 2020.

Müller, Hans-Peter:

- Theo Adam. Für Sie porträtiert von Hans-Peter Müller, Leipzig 1977

Schmiedel, Gottfried:

- Peter Schreier für Sie porträtiert von Gottfried Schmiedel, Leipzig 1976
- Peter Schreier: Eine Bildbiographie, Berlin 1987

Schreier, Peter:

- Aus meiner Sicht. Gedanken und Erinnerungen, Berlin 1983.
- Im Rückspiegel: Erinnerungen und Ansichten, aufgezeichnet von Manfred Meier, Wien 2005.

Rätz, Renate:

- Schreier, Peter. In: Wer war wer in der DDR?, Berlin 2010

Neben der hier angegebenen Literatur werden Zeitschriften zitiert, deren Quelle bei dem jeweiligen Zitat vermerkt ist.

Abbildungsverzeichnis

Mathias Adam
S. 6 (oben), S. 86

Manfred Adamski
S. 69

ADN
S. 61, 62

Bayerische Staatsbibliothek München/Bildarchiv
S. 75

Bundesarchiv
S. 59 (Foto: Mittelstädt, Rainer)

Hans Pölkow
S. 52, 83

Historisches Archiv der Sächsischen Staatstheater
Coverbild (Christine Stephan Brosch), S. 76 (E. Döring)

Romy Donath
S. 16, 32, 33, 34, 48

Privatarchiv Familie Adam (Regine Hartfiel)
S. 6 (unten), 8-15, 17, 18, 20, 21, 22, 25-30, 70, 72 (oben), 77 (unten), 78, 79

Privatarchiv Familie Schreier
S. 36, 38, 39, 43, 44, 46, 47, 51, 72 (unten), 74, 77 (oben), 80, 86

SLUB/Deutsche Fotothek
S. 19, 24, 34, 35, 37, 40-42, 45-47, 49, 53, 55, 67

Wikipedia
S. 66 (Foto: Paulae), 68

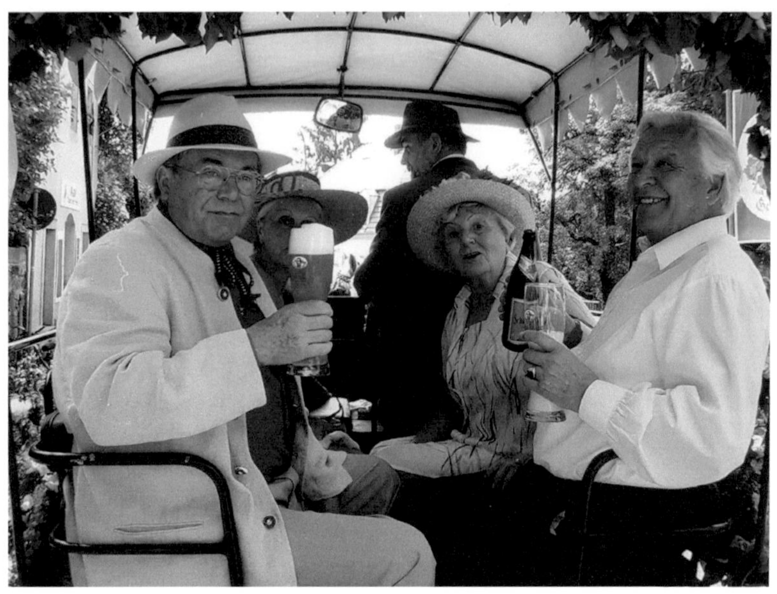

Ehepaar Schreier und Adam zum Elbhangfest.